마인드가 부를 부른다
생각의 파도

생각의 파도

초판인쇄	2025년 11월 05일
초판발행	2025년 11월 10일
지은이	정범희
발행인	조현수
펴낸곳	도서출판 더로드
기획	조용재
마케팅	최관호 최문섭
편집	이승득
디자인	오종국 (Design CREO)
주소	경기도 파주시 광인사길 68, 201-4호
전화	031-925-5364, 031-942-5366
팩스	031-942-5368
이메일	provence70@naver.com
등록번호	제2016-000126호
등록	2016년 06월 23일

정가 19,000원
ISBN 979-11-6338-488-5 03190
파본은 구입처나 본사에서 교환해드립니다.

마인드가 부를 부른다

정범희 지음

프롤로그 | Prologue

성공을 원한다면, 비현실적인 목표를 비현실적인 방법으로 이루어야 한다

요즘 "꿈"이라는 단어가 점점 희미해지고 있다. 한때 유행했던 "끌어당김의 법칙"이나 "생각하는 대로 이루어진다"는 진리도 마치 유행처럼 사라지는 듯하다. 하지만 성공한 사람들에게는 여전히 견고한 법칙으로 자리 잡고 있다. 그들이 강조하는 것은 단 하나, 바로 '마인드'다.

마인드는 '올바른 생각'을 의미하며, 행복하고 성공적인 삶을 만들어가는 힘이다. 한 번뿐인 인생, 내가 원하는 방향으로 나아가야 한다. 다른 사람이 움직여야만 돌아가는 자전거 바퀴처럼 살지 말고 스스로 페달을 밟아야 한다. 내 인생의 주인은 바로 나다.

우리의 생각(마인드)은 인생에서 가장 중요한 요소다. 자기계발 서적을 보면 비슷한 이야기들이 많다. 어떤 독자들은 "또 같은 내용이네."라고 생각할 수도 있다. 하지만 성공의 법칙이 비슷하다는 것은 그것이 확실한 길이라는 뜻이다.

성공한 사람들은 같은 진리를 각자의 경험을 통해 다르게 풀어낸다. 중요한 점은, 이 법칙을 따르는 사람들은 확실한 결과를 얻는다는 것이다.

마인드 변화의 시작

어린 시절부터 아버지에게 성공의 법칙을 자주 들었다. 한 귀로 듣고 흘린 적도 많았지만, 우연히 아버지와 본 〈시크릿〉 영상이 내게 결정적인 계기가 됐다. 처음에는 "좋은 말이다" 정도로 생각했지만, "생각하는 대로 이루어진다."는 개념이 점차 흥미를 끌었다.

학창 시절 내 성적은 최하위였고, 졸업 후 좋은 회사에 취직하는 건 어려운 상황이었다. 그렇기에 공부하지 않고도 성공할 수 있다는 개념이 매력적으로 다가왔다. 그래서 가끔 '생각'을 해보기 시작했다. 다행히 생각하는 것은 공짜였고, 시간과 공간의 제약도 없었다. 무엇보다 자유롭게 할 수 있었다.

나는 단순히 재미로 상상했다. 현실에서는 불가능한 것들을 머릿속에서는 이루었다. 공부뿐 아니라 연애, 부자 되기, 운동, 자동차, 집 등 어떤 것도 제한 없이 상상할 수 있었다. 강사가 되고 싶다는 작은 꿈도 있었다. 특정 분야의 최고 강사를 꿈꾼 것은 아니었지만, 사람들 앞에서 강의하는 모습을 떠올렸다. 내 꿈은 그렇게 작은 상상에서 시작됐다.

성공의 법칙과 끈기의 중요성

나는 성공한 사람들에게서 많은 영감을 받았다. 특히 강의장에서 사람들에게 성공과 마인드를 이야기하는 것도 동기부여를 주시는 아버지의 모습에서 큰 영향을 받았다. 나도 많은 사람들에게 긍정적인 영향을 주고 싶었다. 인정받고 싶었고, 유명해지고 싶다는 생각도 했다. 다행히 생각하는 것만으로도 즐거웠다.

시간이 흐르고 나는 공부를 못한 게 아니라 '안 했다'는 점에 집중했다. "인간은 모든 것을 할 수 있도록 창조되었다."는 문장을 보고 감명을 받았기 때문이다. 단지 안 하다 보니 익숙하지 않은 것뿐이다. 꾸준히 하면 익숙해지고, 익숙해지면 습관이 된다. 즉, 성공의 핵심은 "끈기"다. 나는 이 '끈기 마인드'가 인생을 바꿀 수 있다는 걸 40년 만에 깨달았다.

부정적인 생각의 함정

많은 사람들이 묻는다. "그렇게 일찍 성공의 법칙을 깨달았다면 왜 늦게 목표를 이루었나요?" 답은 간단하다. 나는 긍정적인 생각의 힘만 알고 있었지, 부정적인 생각 또한 현실이 된다는 것을 몰랐다. 내가 원하는 것을 상상하면서도 동시에 부정적인 생각을 더 많이 했다. 현실의 어려움을 더욱 생생하게 상상했고, 결국 그것이 내 현실이 됐다.

성공을 위한 올바른 선택

우리의 궁극적인 목표는 행복한 삶이다. 단순히 돈을 벌기 위해 일하는 것이 아니라 원하는 삶을 살며 경제적 자유(선택의 자유)를 이루는 것이 중요하다. 목표 없는 노력과 끈기만으로는 부자가 될 수 없다. 원하는 목표를 찾고, 즐거운 일을 해야 한다. 그렇게 하면 주변 사람들도 행복의 기운을 느끼고, 무엇보다 자신이 즐겁기 때문에 포기하지 않는다.

성공은 운이 아니다. 내가 진정 원하는 것을 찾고, 부와 행복이 자연스럽게 따라오도록 만드는 과정이다. 나도 처음에는 실패를 겪었고, 경제적 어려움도 있었다. 하지만 결국 끈기와 행동을 통해 극복했다.

행동이 답이다

많은 사람들이 성공을 원하지만, 행동하지 않는다. 세계적인 부자

밥 프록터는 "전 세계 1%의 사람들이 96%의 돈을 벌어들인다. 이것이 우연이라고 생각하는가?"라고 말했다. 성공한 사람들은 처음부터 특별했던 것이 아니다. 그들은 성공의 법칙을 깨닫고 자신을 변화시켰으며, 끊임없이 실천했다.

> "보편적인 생각은 보편적인 인생을 만든다. 특별한 생각은 특별한 인생을 만든다."

현재 가난한 현실에서 벗어나고 싶다면, 기존의 방식으로는 불가능하다. 성공을 원한다면, 비현실적인 목표를 비현실적인 방법으로 이루어야 한다. 그리고 그 방법은 바로 마인드를 변화시키고 행동하는 것이다.

마무리

이 책은 방법을 알려주는 책이다. 읽기만 해서는 성공할 수 없다. 행동하지 않으면, 세상의 모든 성공 관련 서적을 읽어도 소용없다. 중요한 것은 실천이다. 자기계발 책들은 원동력을 제공할 뿐이며, 결국 성공하는 사람과 그렇지 않은 사람을 가르는 것은 행동 여부다.

성공을 원한다면, 책을 읽고 끝내는 것이 아니라 행동해야 한다.

"당신의 생각을 바꾸면, 인생이 바뀐다."

- 노먼 빈센트 필

2025년 6월

저 자 **정 범 희**

차례 | Contents

 **제1장 성공을 해야 하는 이유**

성공의 출발점: 생각과 마인드 · 16
시작이 반이다: 작은 행동의 힘 · 20
세상에는 무수히 많은 성공 방법이 존재한다 · 23
자유를 위한 필수 요소, 돈 · 27

 **제2장 생각과 마인드의 중요성**

나의 잠재의식에 무엇을 심느냐가 미래를 결정한다 · 32
부족한 상태에 만족하는 것도 결국 선택이다 · 40
좋은 생각 vs 나쁜 생각, 무엇이 더 유리할까? · 46
사소한 목적조차도 반드시 행동이 필요하다 · 51
생각이 즉시 현실로 나타나지 않는 이유 · 58
이상주의자와 현실주의자의 차이 · 60

제3장 과학적으로 증명된 생각의 현실화

눈으로 본 것만 믿는 사람들을 위한 과학적 근거 · 66
생각과 뇌의 상관관계 · 68
망상활성계(Reticular Activating System)의 역할 · 74
신경 가소성(Neuroplasticity): 뇌는 변화할 수 있다 · 81
플라시보 효과(Placebo Effect)와 자기 암시 · 85
뇌를 착각하게 만들어 목표를 달성하는 법 · 89

제4장 작은 성공부터 시작하기

성공의 내비게이션을 설정하라 · 94
원인이 없는 결과는 없다: "불이 없으면 연기도 없다" · 98
책은 방법을 알려줄 뿐, 실천은 당신의 몫 · 107
학교 성적이 인생의 전부가 아니다 · 111
작은 행동이 우연(행운)을 불러온다 · 118

제5장 마인드 훈련법

우리의 잠재의식은 부정적인 언어에 익숙하다 · 122
뇌는 긍정과 부정을 구별하지 못한다 · 129
부정 속에서 긍정을 찾는 연습 · 136
결과에서 원인을 찾아내는 사고방식 · 142
긍정적인 에너지는 긍정을, 부정적인 에너지는 부정을 끌어당긴다 · 150
성공자들은 책을 통해 배운다 · 156
성공자는 열정을 끝까지 지키려 노력한다 · 161
부정적인 사람이 긍정적인 "척"을 하는 이유 · 168
성공자들은 행운을 가진 사람들과 함께한다 · 171
경험의 힘: 들은 것은 잊고, 본 것은 기억하며, 직접 해본 것은 이해한다 · 174
성공의 법칙과 자연의 법칙의 유사성 · 181
말이 가지는 강력한 영향력 · 186
성공자들이 사용한 방법을 실행하라 · 200
원하는 것을 효과적으로 생각하는 법 · 204
목표를 설정하고 달성하는 법 · 221
꿈과 목표는 현재 위치에서 출발해야 한다 · 227
자신의 신념과 반대되는 환경을 극복하는 법 · 232
부를 받아들일 수 있는 마인드가 준비되어 있어야 한다 · 238

제6장 누구나 성공할 수 있는 무한한 잠재력

학교 성적이 인생의 성공을 결정하지 않는다 · 242
올바른 생각을 하는 것은 쉽다, 하지만 하지 않는 것은 더 쉽다 · 247
세상의 모든 원인은 나에게 있다 · 251
성공하는 사람들은 장애물을 두려워하지 않는다 · 257
큰 꿈을 가진 사람만이 큰 성공을 이룰 수 있다 · 263
환경이 성공을 결정하지 않는다 · 268
현재 하는 일에서 동기를 찾는 법 · 271
바닥을 경험하지 않은 성공자는 없다 · 275
자연과 뇌는 100원과 1,000억 원을 구별하지 않는다 · 283
실패는 없다, 단지 성공의 방법을 찾아가는 과정일 뿐 · 293
성공의 법칙은 누구에게나 열려 있다 · 297
완벽한 준비보다, 일단 출발하는 것이 중요하다 · 300
성공의 과정은 예상 밖의 일들로 가득하다 · 308

제7장 감사의 힘

감사하는 사람만이 진정한 행복, 건강, 부를 누릴 수 있다 · 316

성공자와 부자를 비난하는 대신, 자기개발에 집중하라 · 320

부모에게 감사하는 마음을 가져라: 부모는 인생의 후원자다 · 324

부모의 역할은 성적 향상이 아닌, 행복한 삶을 가르치는 것 · 326

부정적인 사람과 환경에도 감사하라 · 330

익숙함 속에서 소중함을 잃지 않도록 하자 · 334

감사하는 사람은 더 건강하고 오래 산다 (면역력이 100배 증가) · 338

실패해도 감사하라: 이제 성공만 남았다 · 343

모든 사람은 특별한 재능을 하나씩 가지고 있다 · 348

어려움조차도 감사의 대상이다: 시련은 최고의 스승이다 · 353

제1장

성공을 해야 하는 이유

성공의 출발점: 생각과 마인드

우리의 삶은 수많은 선택과 행동의 연속으로 이루어져 있다. 그 선택의 배경에는 눈에 보이지 않는 두 축, 생각과 마인드가 자리 잡고 있다.

이 책은 '생각'과 '마인드'가 손을 잡는 순간에 주목한다. 그 순간은 단순한 깨달음의 순간일 수도 있고, 지속적인 내적 대화의 결과로 찾아오는 변화일 수도 있다. 결국 그 순간은 우리의 잠재력을 열고, 삶을 새로운 방향으로 이끌어가는 계기가 된다.

책을 집필하며 던진 질문은 이것이다.

"우리는 어떻게 하면 생각과 마인드를 조화롭게 연결해 삶의 질을 높일 수 있을까?"

이 질문은 단순히 철학적 사유에 머무르지 않고, 과학적 근거와 실제 경험을 바탕으로 탐구되었다.

이 책은 독자 여러분과의 대화를 목표로 한다. 각 장을 통해 독자 여러분이 자신의 삶에서 생각과 마인드의 연결을 발견하고, 이를 통해 보다 풍요롭고 의미 있는 삶을 만들어가는 데 도움을 주고자 한다. 이 여정은 당신이 내면의 깊은 세계를 탐험하며, 숨겨진 가능성을 깨우는 특별한 시간이 될 것이다.

세상에는 수많은 성공 법칙들이 존재하는데, 각 성공자들이 전해주는 성공 공식은 전부 다르게 느껴질 수 있다. 시중에는 어떤 성공자가 말한 "생각만으로 성공할 수 없다.", "목표가 먼저가 아니고 행동이 먼저다.", "원하는 일을 찾기 전에 지금 하는 일을 사랑하라."와 같은 많은 이야기들과 책들이 넘쳐난다.

위의 이 내용들은 전부 "사실"이다. 그리고 지극히 맞는 말이다. 하지만 내가 말하고 싶은 것은 모든 목표, 행동, 오늘의 일 등이 모든 것들의 시작은 현재보다 좀 더 나은 인생을 위해서 생각하고, 작지만 목표를 설정하는 데에서 이루어진다는 것이다.

대부분의 사람들은 "내가 무엇을 원하는지 모르겠다.", "아무리 생각해도 떠오르지 않는다."라고 말한다. 사람들이 이렇게 생각하는 것은 "당연"하다. 모든 사람들이 그렇게 쉽게 생각을 해서 원하는 것을 찾았다면, 이러한 성공(행복, 돈, 건강)서적은 세상에 존재할 리 없다. 내가 원하는 일을 찾는 것은 어렵기 때문에 성공자와 일반인이 존재하는 것이다. 내가 실패자라고 표현하고 싶지 않은 것은 누구나 다시 성공할 수 있기에 일반인이라는 표현을 사용한다.

그러나 다행인 것은 우리가 원하는 것을 찾게 되면 갑자기 손쉬운 방법들이 세상에 널려있다는 것을 알게 된다. 그 방법들을 "실천"하는 것은 나의 마인드에서 판가름 나게 되어 있다. "언젠가 성공하겠지." "언젠가는 이루어지겠지."라고 생각하지 말고 최대한 빠르게 이루도록 나의 마인드를 강화시켜야 한다.

마인드 강화에 대표적인 방법은 "시작"하고 "경험(실패,실수)하면서 알아가는 것이다.

책으로 마인드를 강화시키는 것은 한계가 존재한다. 책을 읽고 성공자의 오디오를 듣고 나면 반드시 "행동"으로 옮겨야 한다.

난 생각만으로도 성공할 수 있고, 생각만으로 내가 원하는 것을 이룰 수 있다고 확신한다. 그러나 행동을 하지 않으면 살아생전에 이룰 수 없다. 내가 죽고 나서 이루어진다면 그건 의미가 없다.

원하는 것(일)을 찾고 싶어 하는 모든 사람들은 현재의 자리에서 일단 생각하라. 나는 어떤 인생을 살고 싶고, 어떤 사람이 되고 싶으며, 어떤 모습을 갖고 싶은지. 이것이 바로 인간이 해야만 하는 제일 첫 번째 생각이다.

첫 번째 생각에 집중하고 또 집중하면 반드시 알게 될 것이다. "현재의 마인드로는 불가능하다."는 것을 알게 되는 순간이 온다. 그 순간 당신은 누가 시키지 않아도 성공에 대한 또는 건강, 행복에 대한 자료를 찾아 나서게 된다.

그 사람은 바로 지금 이 책을 읽고 있는 독자 여러분일 것이다. 시중에 판매되고 있는 성공서적과 자기계발, 동기부여 서적을 찾는 사람들은 다들 동일한 마음을 지니고 있을 것이다. "현재보다 더 나은 인생을 살고 싶다."라고.

나의 생각과 마인드가 정리되지 않고 어떤 행동을 하며, 어떤 생각을 가지고 오늘 하루를 살아야 할지 모를 수밖에 없다. 생각과 행동의 차이는 한 끗 차이라고 생각하는데 51% / 49%의 확률로 계산한다면 반드시 생각이 51%일 수밖에 없다.

> 올바른 생각을 위해서 마인드 훈련은 필수다.
> 올바른 마인드를 위해서도 생각 훈련은 필수다.
> 올바른 행동을 하기 위해서는 올바른 생각이 먼저다.
> 올바른 생각을 하면 올바른 길로 갈 수 있다.

시작이 반이다: 작은 행동의 힘

많은 이야기 중 "시작이 반이다."라는 말이 있다. 시작하기 전에는 그렇게 복잡하고 힘들어 보이는 것들이 시작만 하면 별로 어렵지 않다는 것을 경험해 보았을 것이다. 알고 나면 너무 쉽다. 아주 간단하다.

나도 첫 책(30대에 깨달은 부의법칙)을 집필하기 전, 책을 써야겠다고 마음을 먹고 난 뒤 난관에 봉착했었다. 일단 기본적으로 다른 사람들에 비해서 학업생활 중 성적(항상 최하위)도 좋지 않았고, 문해력도 엉망이었다. 남이 쓴 책만 읽었지 내가 직접 책을 써본 경험이 없었기 때문에, 어떻게 시작해야 하는지 몰랐었다. 영상강의를 듣고 관련 책을 찾아 읽었지만, 그래도 쉽지 않았다. 그래서 책을 쓰겠다고 마음먹은 날로부터 한 달 정도 고민을 했었다.

"도대체 어떻게 하면 책을 잘 쓸 수가 있는 거지. 일기를 쓰는 것도 아니고."

너무 두렵고 어려워서 시작조차 하지 못했었다. 하지만 한 달 뒤 '일단 해보자!'라는 마음으로 책 제목을 정하고 목차를 설정했다. 그런데 놀랍게도 제목과 목차를 설정하고 나니 정말 물 흐르듯 전개가 되었다는 것이다. 당연히 성공서적(생각에 관한 책)을 하루에 1~2권씩을 읽고, 수개월 동안 100권(반복 포함) 가까이 읽었다.

책을 읽는 거 말고 내가 할 수 있는 일은 전혀 없었다. 그리고 우여곡절 끝에 책을 완성하고 출판을 앞두니 '책을 쓰기 전 마음과 지금 마음과는 완전히 다르다. 시작하기 전에는 온통 두려움과 할 수 없을 것 같아 겁부터 났지만, 시작하는 순간부터 어렵지 않다.'라는 생각이 들었다.

시작이 반이라는 말은 이런 느낌인 것 같았다. 일단은 시작해 보고 어려운지 쉬운지 판단해야 한다는 것이다. 일단 시작하면 생각보다 쉽다. 하지만 시작도 하기 전에 미리 어렵다고 마음을 단정 지으면 시작도 없고 끝도 없다.

'말은 쉽지!'라고 생각할 수 있다. 스스로가 쉽다고 생각하면 세상엔 온통 쉬운 일투성이고, 어렵다고 생각하면 쉬운 일은 하나도 없다.

처음 운전면허를 취득할 때를 생각해 보자.

맨 처음에는 운전대를 잡는 것조차 무섭기도 하고, 두렵기도 하고, 한편으로는 설레기도 했을 것이다. 나도 처음 운전연습을 할 때는 너무 무서운 나머지 머릿속은 거의 백지상태였다. 하지만 운전을 알고 몇 번만 하다 보면, 어느새 자신이 인식하지 못할 정도로 습관이 되고, 무의식적으로 운전을 잘하고 있을 것이다.

매번 운전하는 내내 '출발하자, 액셀을 밟고, 핸들을 돌리고, 주위를 둘러보자.'라고 매번 생각하면서 운전을 하는가? 절대 그렇지 않다. 너무 익숙한 나머지 자신도 모르게 자연스레 운전한다는 것을 느끼게 될 것이다.

이처럼 알기 전에는 무엇이든 두렵고, 떨리고, 어쩔 줄 모른다. 하지만 경험해 보고 반복하다 보면 익숙해지면서 스스로 생각하게 된다. '운전은 쉬운 거야! 밟으면 가잖아'라고 느끼게 된다. 해보면 알게 된다. 해보기 전 두려움은 해보는 순간 '쉽잖아!'라고….

세상에는 무수히 많은 성공 방법이 존재한다

스페인의 항구인 팔로스에서 젊은이들의 함성이 새벽 공기를 가르며 들려왔다. 사람들은 손을 흔들며 그들이 건강하게 돌아오기를 빌었다.

1492년 8월 3일, 팔로스에서 역사적인 일이 일어나고 있었다. 크리스토퍼 콜럼버스를 대장으로 한 탐험대 88명이 세 척의 그리 크지 않은 배에 나누어 탔다. 대서양을 건너는 대항해를 시작하는 날이었다. 당시 사람들은 모두 지구가 평평하여 바다의 끝에 이르던 폭포처럼 밑으로 떨어질 것이라 믿었다. 그러나 탐험대의 대장인 콜럼버스는 지구가 둥글다고 굳게 믿고 있었다. 그는 이곳에서 서쪽으로 계속 가면 틀림없이 인도라는 나라가 나올 것이라고 생각했다.

하지만 선원들은 두려워했다. 콜럼버스는 지구가 둥글다고 확신했지만, 배를 타고 있는 선원들은 그 말을 믿을 수가 없었던 것이었다.

1492년 10월 20일의 일이었다. 콜럼버스는 기쁨의 눈물을 흘렸다. 첫 번째로 새로운 신대륙을 발견하게 된 것이었다. 대원들은 서로 얼싸안았다. 콜럼버스는 스페인 국기를 가지고 섬에 내리자마자 바닥에 무릎을 꿇고는 땅에 입을 맞추었다. 산살바도르라는 이름을 붙인 콜럼버스는 이곳이 인도의 일부라 생각했다. 그리하여 원주민을 인디언이라 불렀다.

콜럼버스가 7개월 만에 다시 스페인으로 돌아오자, 사람들은 개선장군처럼 그를 맞이했다. 이사벨라 여왕은 화려한 환영회를 열어 그를 개선장군처럼 대했다.

환영회를 하는 날이었다. 콜럼버스를 시기하는 한 귀족이 나서서 말했다.

"배를 타고 서쪽으로 계속 가면 누구라도 섬을 발견할 수 있다!"

그 순간 콜럼버스는 삶은 달걀 한 개를 집어 들었다.

"이 달걀을 누가 세워봐 주십시오."

그러나 아무도 달걀을 세우지 못했다. 콜럼버스는 달걀의 끝을 깨고 보란 듯이 상 위에 세웠다.

귀족들은 그것을 보고 모두 웃었다.

"남이 한 일을 따라 하는 것은 누구나 할 수 있습니다. 그러나 그것을 처음으로 한다는 것은 매우 어려운 일입니다."

콜럼버스가 말을 마치자, 귀족들은 그의 생각과 행동에 감탄을 금치 못했다.

콜럼버스 달걀처럼, 앞서간 성공자들이 이해하기 쉽게 길을 제시해 놓았다. 그러기에 우리는 성공할 수 있는 방법을 더 쉽게 알 수 있다. 하지만 대부분 시작도 하기 전에 포기하는 것이 다수의 습관이다.

지금 현재 가난한 상황, 그리고 원하는 것을 하지 못하고 있는 상황에 있다면, 그리고 현재의 모습이 그러하다면 시작부터 달라져야 한다는 것이 정확한 해답일 것이다.

첫 단추를 잘못 끼우면 모든 단추가 잘못 끼워지는 것처럼, 시작점을 올바르게 시작한다면 결과와 과정 또한 올바른 방향으로 가는 것이다. 지금까지 가난한 마인드를 가졌다면 부유한 마인드로 바꾸어야 한다. 지금 이 책을 읽고 있는 젊은이라면 남들보다 훨씬 더 대단하고 부유하게 성공할 것이다. 하지만 나이가 많다고 해서 결코 늦은 것은 아니다. 남은 인생이라도 부유해지고 원하는 것을 하며 행복하게 살아야 한다.

자유를 위한 필수 요소, 돈

물론 돈이 전부는 아니다. 행복 없이 돈만 많다고 해서 성공했다고 말할 수 없을 것이며, 부유하지만 건강하지도 않고 행복하지도 않다면, 이 또한 성공이라고 말할 수 없을 것이다. 하지만 '돈'은 자신의 능력을 최대한 빠르게 개발해 줄 수 있으며, 현실 세계를 살아가는 인간의 '자유'에는 돈이 꼭 필요하다. 돈은 행복을 가질 수 있는 여유로운 마음을 주는 도구이다. 돈이 있다면 다른 이들보다 건강관리에도 힘을 쓸 수 있다는 것이다.

나도 예전에는 돈보다 중요한 건 사랑이라는 단편적인 생각을 했던 사람 중 한 명이다. 하지만 인생을 살면서 사랑이 훨씬 중요하긴 하지만, 돈이 없다면 사랑과 궁핍이 공존한다는 걸 알게 되었다.

어린 시절 친구들과 미래의 배우자에 대해서 이야기할 때, 습관처럼 했던 대사가 바로 "진짜 사랑하는 여자랑 살면 단칸방에 수저세트만 있으면 돼."라는 아주 미성숙한 이야기였다.

사랑만으로 살아갈 수 있다고 생각하는가? 사랑은 밥을 주지도 않고, 사랑이 집을 세워주는 것도 아니며, 사랑이 옷을 만들어주는 것도 아니고, 자동차를 주는 것도 아니다. 건강하다고 해서 밥을 먹지 않아도 되고, 옷을 입지 않아도 되며, 집이 없어도 살 수 있다고 생각하면 인생에 큰 지장이 생길 것이다.

하지만 분명한 건 사랑과 건강, 행복이 근본으로 제일 중요하고, 그 다음이 돈이라는 것이다. 돈은 목적이 아니라 "필수 수단"인 것이다.

내가 생각하는 성공(영적 안식은 다른 책에서 설명)이라는 측면은 행복(사랑), 건강, 돈, 이 세 가지가 충족되어야만 성공이라고 할 수 있다. 그래서 부유해지는 방법을 성공자들이 책에 제시하고 있다. "돈이 없어서!", "돈만 있다면!", "돈만 있으면!" 하는 사람들이 있기에 부유해지는 방법에 관한 책들이 많이 출간되고 있는 것이다.

여기서 중요한 것은 방법이 없어서 또는 몰라서 부유한 사람이 되지 못하는 것이 아니라는 것이다. 알지만 보이지 않기 때문에 믿지 않고, 실천하지 않아서 가난한 것이라는 점이다.

나는 돈이 중요하지 않다고 말하는 사람에게 눈을 똑바로 보고 이렇게 말하고 싶다.

"당신은 가난한 사람이네요."

그러면 대부분이 화를 낼 수도 있고, 아주 퉁명스럽게 그 자리를 떠나게 될지도 모른다. 이러한 생각을 하면서…

"어떻게 알았지?"

어떤 친구를 만나 "난 네가 중요한 친구가 아니라고 생각해!"라고 말한다면, 그 친구는 어떻게 반응할까? 그 친구가 계속 당신 옆에 있을 거라고 생각하는가?
절대 그렇지 않다. 그 친구는 두 번 다시 당신을 만나려 하지 않을 것이다. 마찬가지로 '돈은 중요하지 않아!'라고 생각하면 돈 또한 당신에게 올 리 없고, 옆에 있지 않으려고 할 것이다.
'돈이 중요하지 않아! 하지만 필요해!'
상당히 모순된 생각이다. 나에게 중요하다고 생각해야만 내 곁으로 오는 것이다. 내가 돈을 중요하게 여기지 않는데 돈이 당신 곁으로 올 리가 없다. 돈에 대한 부정적인 시선으로 보고 있는 사람이 있다면, 이렇게 질문해 보자. "당신, 지금 가난하시군요."

"부유해지기를 바라는 마음은 지극히 당연한 욕망이다. 정상적인 사람이라면 그럴 수밖에 없다. 따라서 당신은 부자가 되는 방법에 최대한 관심을 기울여야 한다."

- 월러스 워틀스

열심히 살아도 부유해지지 않고, 공부를 잘해도 부유해지지 않았다면, 또 엄청 똑똑해도 성공하지 못했다면 성공은 어떻게 하는 것일까? 당연히 고민해 보고 방법을 찾아야 한다.

제2장

생각과 마인드의 중요성

나의 잠재의식에 무엇을 심느냐가 미래를 결정한다

잠재의식은 심리학에서 의식적으로 인식하지 못하지만, 우리의 사고, 감정, 행동에 영향을 미치는 정신 활동을 말한다. 이는 무의식과 밀접하게 연결되어 있으며, 종종 우리가 의식적으로 주의를 기울이지 않는 기억, 경험, 신념, 감정 등이 저장되는 영역으로 간주된다.

의식과 잠재의식의 차이 : 의식은 우리가 현재 자각하고 있는 모든 것을 포함하며, 논리적 사고와 의사 결정에 사용된다. 반면, 잠재의식은 이러한 의식적인 사고 뒤에 있는 숨겨진 저장소로, 반복적 경험이나 감정적 영향을 통해 형성된다.

비의도성 : 잠재의식은 자동적으로 작동하며, 의식적으로 제어하기 어렵다. 우리의 신념 체계, 습관, 직관 등이 잠재의식의 영향을 받는다.

정보 저장소 : 과거의 경험, 학습된 지식, 감정적 반응이 잠재의식에 축적된다. 이는 종종 우리의 행동 방식과 삶의 패턴을 형성한다.

잠재의식의 작용 원리를 살펴보면, 습관 형성이 있는데 반복되는 행동과 경험은 잠재의식에 각인되어 습관으로 자리 잡는다. 예를 들어, 운전처럼 처음에는 의식적으로 배워야 하지만, 반복되면 잠재의식적으로 수행된다. 그리고 감정과 신념의 잠재의식은 강렬한 감정과 연관된 경험을 우선적으로 기억한다. 이는 우리의 신념 체계와 자기 이미지 형성에 기여한다. 꿈과 상상은 잠재의식이 표출되는 통로로 여겨지며, 무의식적인 욕망, 두려움, 해결되지 않은 문제를 반영하기도 한다.

잠재의식 개발 및 활용 방법에 대해서 간단히 알아보면, 긍정적 사고와 확언이 필요하다. 반복적으로 긍정적인 말을 자신에게 들려주면, 잠재의식이 이를 받아들여 자신감을 높이고 행동을 변화시킬 수 있다. 또 중요한 것은 명상과 시각화이다. 명상을 통해 마음을 진정시키고, 시각화를 통해 원하는 목표를 생생히 상상하면 잠재의식이 목표 달성을 도울 수 있다.

잠재의식의 심리학적 이론을 알고 있는 것도 우리에게 도움이 된다.

* **프로이트의 관점**

프로이트는 무의식을 포함한 잠재의식을 인간 정신 구조의 핵심 요소로 간주했다. 그는 잠재의식이 억압된 욕망과 감정을 포함한다고 주장했다.

* **융의 관점**

융은 집단 무의식을 포함하여 인간 모두가 공유하는 원형(archetype)이 잠재의식에 내재한다고 보았다. 이는 창의성, 영감, 꿈 등에 나타난다고 했다.

* **현대 심리학**

잠재의식은 학습된 반응, 자동화된 행동, 직관적 사고 등에서 중요한 역할을 한다고 설명된다. 이는 인지 심리학 및 신경과학에서도 활발히 연구되고 있다.

잠재의식은 우리가 의식적으로 자각하지 못하는 영역이지만, 이를 잘 활용하면 개인적 성장과 목표 달성에 큰 도움을 줄 수 있다.

잠재의식은 우리의 삶을 형성하는 매우 강력한 도구다. 그 안에 어떤 생각과 신념을 심느냐에 따라 우리의 행동, 태도, 그리고 궁극적으로 인생의 결과가 결정된다. 이는 씨앗을 심는 것과 비슷하다. 좋은 씨앗을 심으면 풍성한 열매를 맺을 가능성이 높고, 부정적이거나 해로운 씨앗을 심으면 삶에서 문제와 갈등이 자라날 수 있다.

왜 잠재의식에 무엇을 심느냐가 중요한가?
잠재의식은 행동의 자동 조종 장치다. 잠재의식은 우리가 매일 하는 많은 행동과 선택의 배경에서 작동한다. 이는 반복적 사고나 경험을 기반으로 행동을 자동화하는 경향이 있다. 따라서 부정적인 신념이 자리 잡으면 행동도 그에 따라 제한된다.

현실을 창조하는 힘이다.
심어진 신념 또는 나의 목표는 현실에서 우리의 해석과 반응 방식을 결정한다. 예를 들어, "나는 할 수 있다."라는 신념을 심으면 도전에 직면했을 때, 더 자신감 있고 창의적으로 대응할 수 있다. 반대로 "나는 실패할 것이다."라는 생각을 심으면 의욕이 줄어들고 실제로 실패할 확률이 높아진다.

감정적 에너지가 삶을 이끈다.
잠재의식은 감정적으로 강렬한 경험을 더 강하게 받아들인다. 긍정적인 감정을 심으면 에너지가 높아지고, 이는 더 나은 기회를 끌어들이는 데 도움을 준다. 반대로 부정적인 감정은 삶에서 장애물을 더 많이 느끼게 만든다.

잠재의식에 긍정적인 씨앗을 심는 방법은 긍정적 자기 대화를 해야 한다.
매일 자신에게 긍정적이고 격려하는 말을 반복하라. 예를 들어, "나는 가치 있는 사람이 되는 것을 이루었다." 또는 "나는 내가 원하는 삶을 창조하는 것을 이루었다." 같은 말처럼 과거형으로 이야기하는 것이다. 이는 잠재의식이 그것을 진실로 받아들이게 한다.

잠재의식에 각인될 수 있는 가장 큰 핵심은 바로 시각화와 감정 연결이다.
원하는 목표를 마치 이미 이룬 것처럼 생생히 상상해라. 성공한 모습을 마음속으로 그리며 그와 관련된 긍정적인 감정을 느껴야 한다. 이는 잠재의식에 깊은 인상을 남긴다.

내가 원하는 목표가 생겼다면 반복과 일관성을 지켜야 한다.
잠재의식은 반복을 통해 학습한다. 새로운 신념을 심기 위해서는 꾸준히 같은 생각과 행동을 반복하는 것이 중요하다.

잠재의식에 성공 마인드를 각인시키려면 나의 환경 정리가 필요하다.

부정적인 영향을 주는 사람이나 정보는 피하고, 자신을 격려하는 환경을 만들어라. 성공자의 책, 오디오, 강연을 통해 잠재의식에 좋은 메시지를 전달할 수 있다.

시각화(명상)는 잠재의식에 접근할 수 있는 효과적인 방법이다. 깊은 이완 상태에서 긍정적인 메시지를 전달하면, 잠재의식은 이를 더욱 잘 받아들인다. 잠재의식에 나의 뜻이 전달되고 반복과 습관으로 자리 잡게 되면, 성공으로 가는 고속도로를 달리는 것과 같다고 볼 수 있다.

어느 날 당신이 감나무를 심었고, 그 감나무가 1cm만 자랐다고 생각해 보자. 아직 열매를 맺지 않았다고 그것을 감나무가 아닌, 사과나무로 볼 수 있을 것인가? 뿌리가 땅속 깊이 있어서 눈에 보이지 않는다고 해서 감나무가 사과나무로 자라날 일은 절대로 없을 것이다. 내게 사과나무가 필요하다면 일단 감나무를 먼저 제거하고 다시 사과나무를 심어야 할 것이다. 자신의 생각이나 뿌리를 바꾸지 않는다면, 당신은 지금 그대로의 모습으로 살아가게 될 것이다.

볍씨(원인)는 아무리 분석해도 탄수화물 및 기타의 화학성분일 뿐이다. 하지만 볍씨를 논에 뿌리면 싹이 트고 꽃이 피어 다시 볍씨가 된다. 자연이 신비로운 작용을 일으켜 볍씨를 성장시키고, 줄기가 나고, 열매(결과)를 맺게 한다. 마찬가지로 감의 씨에서는 감나무, 도토리에서는 떡갈나무가 탄생한다. 즉, 씨앗 속에 모든 것이 들어 있고, 그것이 땅속에 떨어지면 자연이 알아서 적절히 처리해 주는 것이다.

나의 잠재의식에 성공의 씨앗을 뿌려야 한다. 생각이 곧 씨앗인 것이다. 그리고 생각을 분명한 형태로 잠재의식에 넘기는 것, 그것이 바로 파종이다. 그러면 훗날 '반드시' 싹이 트고 성장하게 되어 있다. 씨앗이 싹을 틔우려면 햇빛도 필요하다. 햇빛은 '신념'에 해당하고, 제초 작업도 필요하다. 제초 작업은 '행동'에 해당한다.

여기서 가장 중요한 단어는 바로 '반드시'이다. 예외는 없다. 반드시 자라나게 되어 있다. 당신이 관리를 하지 않으면, 단지 잡초나 다른 것이 방해를 하겠지만, 그 씨앗은 자연과 더불어 반드시 자라나게 된다는 법칙이다.

이 이야기처럼 일단 뿌리를, 즉 시작부터 자신이 진실로 원하는 것을 심는다면 시간이 걸릴 수는 있어도 언젠가 반드시 자라난다는 것이다. 그것을 관리하고 수확하는 건 당신의 행동이다.

일단 씨앗을 심어야 관리하고 수확이라는 행동을 할 수 있다는 점, 꼭 명심하기 바란다. 심지도 않고 관리할 수 없으며, 다른 이들의 수확물에 눈을 돌린다면 자신 스스로 열등감이 생기고 남을 부러워만 하며, 자칫 잘못하면 도둑질을 하게 되어 나쁜 사람, 즉 범죄자가 될 수도 있다는 것이다. 누구에게 수확물을 구걸하러 가는 것이 아니라 자신 스스로 씨앗을 심는다면 아주 떳떳하게 살아갈 수 있다는 이야기가 된다.

부족한 상태에 만족하는 것도
결국 선택이다

가난함에 만족하고 산다면, 그것 또한 당신의 선택이다. 그냥 원래대로 살면 된다. 하지만 당신의 마음속에 성공하고 싶은 욕망이 넘쳐나고 있다면, 절실하게 지금의 상황을 돌파하고 싶은 마음으로 이 책을 끝까지 읽을 때, 어떻게 하면 물질적으로나 정신적으로 부유해질 수 있는지 그 방법을 알게 될 것이다.

우리에게 어떤 욕망이 있다는 것은 노력해서 이룰 수 있기 때문이다. 그렇다면 뿌리를 바꾸어야 하겠다는 목표가 필요하다. 목적(목표) 없이 뿌리를 바꾸기는 쉽지가 않다.

내가 진정 원하는 것을 목표로 해야 한다.

내가 진정 원하는 것을 목표로 해야 하는 이유는 원하지 않고 즐겁다는 감정이 없다면 포기가 빠를 수밖에 없다. 예를 들어, 여자들 같은 경우 백화점에 쇼핑을 하러 가면 정말 철인이 되는 모습을 볼 수 있다. 대부분의 남자들도, 아니 나도 이해하지 못한다. 왜냐하면 여자는 쇼핑이 즐거움과 행복 그 자체이고, 대부분의 남자들은 자신이 원하는 쇼핑목록이 없어 즐겁지 않기 때문이다. 바로 즐거운 감정이 생기는 목표는 이처럼 사람을 강하게 만든다. 실제로 다리도 아프고 발도 아프다. 하지만 그것을 뛰어넘는 것은 스스로의 즐거움이다.

또 한 예로, 자녀들이나 어린 학생들에게 게임을 시켜보자. 하루 종일 밤을 새워가며 할 수 있다. 이유는 게임이 단순히 재미있는 것이기 때문이다. 나의 자녀들은 현재 9살과 7살이다. 우리 집의 규칙은 휴대폰으로 할 수 있는 게임이나 영상시청을 '토요일'에 1시간만 허용하고 있다. 이미 금요일이 되면 아들은 나에게 와서 "아빠, 내일이 토요일이지?"라고 항상 물어본다. 우리 가족은 일요일에는 교회에 간다. 그래서 유일하게 늦잠을 잘 수 있는 토요일임에도 휴대폰 때문에 우리 아이들은 새벽같이 일어나곤 한다. 그리고 특별한 포상으로 1시간 이상 휴대폰을 보게 하면, 아이들은 눈을 비빈다. 이때 "아들, 눈이 많이 아파?"라고 물어보면, "눈이 아픈 게 아니고 뭐가 들어가서 그래!"라는 형태로 이야기를 하고 계속 집중한다. 분명한 건 눈이 아픈 현상은 휴대폰에 집중하고 있어서 생긴 현상인데, 너무 즐겁다 보니 휴대폰이 아닌 다른 외부 환경 탓을 한다.

이처럼 재미있는 것, 즉 즐거운 것은 몸이 힘들더라도 정신이 육체를 지배해 버린다.

대학생 시절 나는 PC방에 중독되었을 때 하루에 최소 10시간, 어떨 때는 밤을 지새우던 일들이 일주일에 2회 이상 있었다. 피곤하기도 했고, 의자에 앉아서 잠이 들기도 했다. 하지만 절대로 시간이 다 끝나기 전에는 PC방을 나가지 않았다. 그 이유는 재미있고 게임 속에서 달성하고 싶은 목표가 있었기 때문이다. 그 사소한 게임 속에서의 나의 목표가 분명했기에, 이루기 전에는 그만둘 수가 없었다.

이처럼 즐거운 감정이 들지 않으면 인생의 목표를 달성하기 위한 것이라도 포기가 빠르거나, 힘들어서 한탄만 하고 있을 수밖에 없다.

즐거운 감정이 드는 목표가 있다면 더욱 잘하려고 할 것이고, 남들보다 뛰어나고 싶어 하는 것이 정상적인 사람이고, 목표를 성취하기 위한 그 과정이 힘들더라도 이겨내기 위해 '인내심 또는 끈기'가 작동한다.

많은 스포츠를 보면 프로와 아마추어가 나눠진다. 왜 프로와 아마추어가 나눠진다고 생각하는가? 프로는 말 그대로 특기라고 표현할 수 있고, 아마추어는 취미라고 표현할 수 있다. 프로가 된 선수들의 이야기를 들어보면, 운동을 할 때 즐거워서 시작을 했고, 즐겁고 재미있기 때문에 잘하게 되고, 잘하게 되니 더욱더 즐겁고 실력이 향상되면서 인정을 받아 프로 선수가 되었다고 한다.

하지만 자신이 바라는 선수가 되기 위해 나아가는 과정은 그야말로 지옥처럼 느껴질 수도 있다. 태릉선수촌에 가서 올림픽에 출전하는 선수들의 훈련 장면을 보고 있으면 헛구역질이 절로 나올 정도다. 하지만 그 선수들은 쉽게 포기하지 않는다. 그리고 아주 힘들게 훈련하면서 즐겁다고 생각하지 않을지도 모른다. 하지만 그 선수들은 목표에 대한 "의지"로 끝까지 달려간다.

"특별한 재능이 있어서 프로가 된다."라는 말은 이제 통하지 않는다.

재능이 도움이 되는 것은 당연하지만, 재능만으로 세계적인 스타가 되는 것은 불가능하다. 세계적인 축구 선수들 중에 재능만으로 유명해지고 이름을 날리는 선수가 있다. 하지만 그 사람의 자서전이나 연습하는 것을 보면 하루에 다른 선수들보다 수백, 수천 번 더 연습한다. 재능만으로 자신의 실력을 키워나가지 않는다는 말이다.

시간이 흘러 그 즐거움이 변질될 수는 있다. 하지만 변질되는 경우는 자신이 생각한 성공, 즉 목표에 도달했을 때 생기는 것이니, 성공하지 못했다면 별 상관이 없다.

이처럼 어떤 분야든 뛰어난 사람은 여러 경험을 통해서 즐거움과 재미로 시작이 되었다. 즐겁고 재미가 있기에 자신감이 생기고, 다른 이들보다 잘하고 싶고 인정받고 싶어서 잘하게 된 것이다.

생각의 뿌리를 바꾸고 싶다면, 많은 생각을 해봐야 한다.
세상 어느 누구도 당신의 꿈을 대신 찾아 줄 수는 없다. 당신이 진실로 즐겁고 원하는 일은 자신밖에 모른다. 찾기에는 많은 생각과 시간이 투자될 수 있다. 하지만 찾는 순간, 당신의 인생은 흥미로운 일로 가득 찰 것이고, 과거의 당신과 180도 변하는 모습을 보게 될 것이다.

 자신의 목적, 목표, 꿈을 찾으면 한 가지 해야 할 일이 있다. 지금까지 살아온 자신의 행동, 생각, 마음가짐을 바꿔야 한다. 자신이 지금 가난하다면 지금까지 가지고 있던 행동, 생각, 마음가짐이 가난하게 살게 만들어준 방법이라는 것이다. 그렇다면 부유해지고 싶다면? 지금 자신의 인생 마인드를 변화시켜야 한다. 지금까지 살아온 마인드로 인해 지금 가난하다면, 아무리 좋은 아이템과 좋은 회사, 좋은 방법이 생길지언정 무용지물이 된다는 뜻이다. 부유해지고 싶다면, 지금까지 살아온 마인드를 바꿔야 한다. 바꾸지 않으면, 또 똑같이 가난하게 살아가거나 불행하게 살 수밖에 없다.

원하는 바를 설정하려면 생각의 뿌리를 바꾸어야 한다. 지금 현재 스스로 생각하는 뿌리가 미래에 열매로 맺게 될 테니, 좋은 방향으로 가고 싶고 좋은 미래를 맞이하고 싶다면 좋은 뿌리로 출발하자.

"자신이 어디로 가고 있는지 모를 때는 정말 조심해야 한다. 목적지에 다다르지 못할 수도 있기 때문이다."

- 요기 베라

좋은 생각 vs 나쁜 생각, 무엇이 더 유리할까?

좋은 생각이 좋을까? 나쁜 생각이 좋을까? 너무 당연한 대답이 나올만한 질문이라고 생각한다. 당연히 좋은 것이 좋지, 나쁜 걸 좋아하는 사람은 없을 것이다. 하지만 이 당연한 말에 질문을 던지는 이유는 무엇인지 함께 생각해 보자.

사람이 좋은 생각만 한다면 정말 이상적이고 환상적인 인생이 될 것이다. 하지만 사람은 좋은 것을 생각하는 동시에 나쁜 것을 더욱 더 몇 배나 더 생각하고, 준비하고, 나쁜 상황에 대비하고 있다.

5가지의 사례들로 긍정과 부정이 항상 공존하는 것을 알아보자

1. 새로운 도전
긍정적인 생각 : "이 새로운 기회는 나를 성장시킨다!"
부정적인 생각 : "내가 실패하면 어떻게 하지?"

2. 직장 승진

긍정적인 생각 : "이제 내 능력을 더 많이 보여줄 기회다!"

부정적인 생각 : "책임이 너무 많아서 스트레스를 받을 것 같아." "벌써부터 피곤하네."

3. 새로운 도시로의 이사

긍정적인 생각 : "새로운 곳에서 삶을 새롭게 시작할 수 있다!"

부정적인 생각 : "익숙한 환경과 사람들을 잃게 되는 건 아쉽고 두려워."

4. 건강 관리

긍정적인 생각 : "운동과 식단 관리를 시작하면 더 건강해진다."

부정적인 생각 : "과연 내가 지속적으로 할 수 있을까?" "매일매일은 하기 싫은데."

5. 예술 작품 발표

긍정적인 생각 : "내 작품이 다른 사람들에게 감동을 준다."

부정적인 생각 : "사람들이 내 작품을 비판하면 어떡하지?"

이처럼 긍정과 부정은 동시에 공존할 수 있다. 이는 인간의 사고가 이중적이고 균형 잡힌 결정을 내리기 위한 자연스러운 과정이기 때문이다. 이 두 감정을 잘 다스리면 더욱 현명한 선택과 행동으로 이어질 수 있다. 긍정적인 부분보다 부정적인 부분에 더욱더 집중하는 이유는 파괴적인 생각이 도파민을 만들어내고 있기 때문이다. 파괴적인 생각이 반복되고 특정 행동(부정적인 생각, 과식, 폭력, 도박)으로 이어질 경우, 도파민이 이에 대한 보상을 형성하여 중독성을 강화할 수도 있다. 이러한 경우 도파민은 단기적인 쾌감을 제공하지만, 장기적으로는 부정적인 영향을 미친다. 그리고 확실한 것은 긍정보다는 부정적인 생각이 훨씬 더 쉽다는 것이다. 하지만 항상 좋은 생각, 긍정적인 생각을 하는 독자라면 지금 성공하고 있고 성공할 사람이다.

나의 경험으로 볼 때, 마인드 훈련이 되어 있지 않은 상태라면 긍정적인 생각은 어렵다. 긍정적인 생각은 대부분 부정적인 상황에서 발동되기 때문이다.
현재 스스로가 편한 상황이라면 굳이 긍정적으로 생각하려 하지 않아도 되는 것이다. 그것이 진정으로 편한 상황이라면, 부정적인 상황이 나에게 찾아왔을 때, 바로 "긍정"이라는 힘을 사용해야 하는 것이다.

내가 금전적으로 자녀 기저귀 하나 못 사는 상황이 왔을 때는 마인드 훈련이 되어 있지 않은 상태였다. 하지만 그 상황에서 "얼마나 더 좋은 일이 생기려 나에게 시련이 오는 건가?"라고 생각하긴 힘들었다. 일단 그 부정적인 상황을 어떻게 하면 극복할 수 있을지만 생각했었다. 마인드 훈련을 하기 전에는 긍정이라는 단어가 부정 속으로 숨어들어 가 버렸던 것이다.

하지만 우리는 긍정적으로 바꾸어야 한다. 어떻게 해서든 어떤 방법을 찾아서라도 우리의 뇌 망상활성계(RAS), 신경가소성(뒤에서 설명)에게 긍정이라는 씨앗을 심고 잠재의식에 열매를 맺게 해야 한다.

"어렵지만 해야 한다. 그걸 해내는 사람이 성공한다."

스스로 판단한다는 것은 자신 스스로가 인생을 좋은 쪽으로 흘러가게 할지, 나쁜 쪽으로 흘러가게 할지 결정할 수 있다는 것이다. 내가 올바른 판단을 내리기 위해서는 반드시 "마인드"를 훈련해야 한다.

좋은 생각이 좋은가? 나쁜 생각이 좋은가?에 대한 요점은 당연히 좋은 생각이 좋고, 나쁜 생각은 우리가 최대한 우리의 잠재의식에 접근하지 못하도록 차단하는 노력을 해야 한다.

사소한 목적조차도 반드시 행동이 필요하다?

집에 앉아서 "치킨이 먹고 싶다."라고 생각하면 치킨이 하늘에서 뚝! 떨어질 리는 없다.
치킨을 먹기 위해서라면 꾸준히 생각하는 최소한의 노력이 있어야 하고, 그 치킨을 먹기 위한 돈이 있는지 파악해야 하고, 어느 곳의 브랜드를 사먹을 건지, 모바일로 주문할 건지, 전화로 주문 할 건지, 직접 사러 갈 건지 등의 "행동"이 따라 나와야 한다는 것이다.

빛 하나 들어오지 않는 방 안에서 지금 날씨는 어떤지 생각하면 알 수 있을까? 최소한 창가로 가야 한다는 말이다. 정말 간절히 생각을 집중하면 날씨를 알 수 있는 상황이 생길 수도 있다. 하지만 대부분은 작은 "행동"이 필요하다는 것이다. 자신이 정말로 원하는 것을 생각하면 자신도 모르게 행동하기 마련이다. 이것은 "법칙"이다.
운동하기로 마음먹었다면, 가장 먼저 할 수 있는 '작은 행동'은 바로 신을 신고 운동하러 나가는 것이다.
책을 읽기로 마음먹었다면, 가장 먼저 할 수 있는 '작은 행동'은 책을 집어 드는 것이다.

책을 쓰기로 마음먹었다면, 가장 먼저 할 수 있는 '작은 행동'은 노트북 전원을 켜는 것이다.

세차하려고 마음먹었다면, 가장 먼저 할 수 있는 '작은 행동'은 자동차 시동을 거는 것이다.

공부하려고 마음먹었다면, 가장 먼저 할 수 있는 '작은 행동'은 책상에 앉는 것이다.

성공하려는 사람들 중 가장 명심해야 할 것은 '성공자를 인정하는 작은 행동'이다.

내가 뜬금없이 성공자를 인정해야 한다고 말하는 이유는 아주 간단하다. 우리가 의식적으로 바라는 성공에는 대부분 "부자"가 되는 일일 것이다. 엄청난 부자는 아닐지라도 경제적 자유, 즉 여유로운 경제력을 갖고 싶을 것이다. 그렇다면 우리가 제일 먼저 할 수 있고, 해야만 하는 "작은 행동"이 바로 성공자를 인정하고 성공자의 삶에서 성공 방법을 배워야 한다. 배움이라는 것은 내가 배우고자 하는 대상이 존경까지는 아니더라도 인정할 수 있는 마음이 있어야만 배울 수 있다.

나는 성공한(정직한) 부자들을 존경한다. 많은 사람들이 성공한 부자들은 탐욕스럽고 나쁜 사람들이라고 말하지만, 나의 의견은 완전 정반대이다. 당연히 상호관계가 있지만, 부유해지고 싶은 사람은 성공한 부자를 싫어해서는 절대로 부유해질 수 없기에, 성공한 부자를 미워하면 안 된다. 사랑하고 좋아하는 대상이 나에게 사랑과 관심을 주는 것은 당연한 이치이기 때문에, 부유해지고 싶다면 부유한 사람을 좋아해야 한다는 말이다.

나 스스로가 성공한 사람들처럼 되고 싶다는 열망과 생각을 지녔다면, 성공자와 관련된 책, 기사, 인터넷을 검색하는 최소한의 '행동'이 반드시 필요하다.

세상 1%의 성공한 부자들이 가장 많은 자선기금을 내고 있다는 것을, 부자들의 소비로 인해서 가난한 사람들이 먹고 살아간다는 것을, 부자들이 있기에 노동자가 살아갈 수 있다는 것을, 부자들이 있기에 부자가 되고 싶다는 생각을 할 수 있는 계기가 된다는 것을.

대부분의 사람들은 반대로 생각할지도 모른다.

"노동자가 있기에 그 회사가 유지되는 거예요!"라고.

그러나 원인과 결과의 법칙처럼, 회사가 원인이 되는 것은 그 누구도 부정할 수 없을 것이다.

"노동자가 있기에 회사가…"라는 이야기는 듣기 좋은 소리이고, 일반적인 사람들의 감성을 이해해 주는 좋은 이야기일 뿐이다. 하지만 당연히 기업에서 같이 일하는 노동자, 즉 구성원이 한 팀이 되어야 회사가 더욱더 발전한다는 것은 맞는 말이다.

여기서 그 기업가 혹은 성공자가 대단하다고 이야기하는 것은 자신이 이끌어가는 모든 일과 엄청난 금전적 리스크를 모두 "책임"져야 하는 막대한 부담감 이외에 새로운 기업의 비전, 속사포처럼 바뀌는 미래를 준비해야 하기 때문이다. 그렇게 하지 않으면 그 기업은 차차 무너지고 부도가 나게 되어 노동자, 즉 구성원들은 해고될 것이고, 다른 일자리를 알아봐야 하는 것이다.

성공자가 기업을 유지시키고 있고, 또 유지시키기 위해 엄청난 "책임"을 등에 지고 있다는 점을 명심해야 한다. 그러므로 내가 해야 하는 가장 작은 '행동'은 그 성공자에 대한 비판을 멈춰야 한다. "그럼 칭찬해야 한다?"고 이야기하는 것이 아니다. 그냥 비판만 하지 않는 '작은 행동'이 필요하다는 말이다.

성공한 부자를 욕하고 부정적으로 바라본다면, 단언컨대 당신은 평생 가난한 자로 살게 될 것이다. 미안하지만 사실이다.

예를 들어, 당신이 성공한 부자들을 싫어한다고 생각해보자.

'부자들은 세상의 돈을 끌어 모으고 있는 나쁜 사람들이야.'

'대체로 부자들은 욕심쟁이야.'

'부자들은 어떤 비리가 있을 거야.'

'운이 좋을 뿐.'

당신이 이렇게 비판을 한다고 생각해 보자.

반대로 지금 현재 당신이 성공한 부자 또는 기업가라고 가정해 보자. 그럼 당신이 지금 다른 사람들이 이렇게 비난한다는 것을 알게 되었다고 하면, 지금 기분이 어떠한가?

'난 내가 노력해서 부자가 된 거야.'

'난 많은 자선기금도 내고 있어.'

'난 비리가 없는데.'

'난 운이 아니야, 엄청난 노력을 했어!'

아마도 이렇게 말할 것이다. 그리고 부정적인 사람들의 비판을 무시하게 된다. 맞다. 자신이 정직한 부자라면 절대 자기를 비판할 수 없다.

부정적인 사람들만이 성공자를 비판할 수 있다. 자신에게 없는 마인드와 경제력을 가지고 있기 때문에 부러움을 비판으로 표현한다. 정직한 성공자는 정직한 성공자들을 욕하지 않는다. 서로서로 인정해 준다. 성공한 부자들은 일반 사람들이 먹고 살 수 있는 일자리와 조건을 만들어주고 있다. 그렇지 않은가? 지금 자기가 다니는 회사의 사장을 비판만 할 것인가? 멍청한 짓이다. 적어도 당신은 기업가나 성공자 덕분에 가정을 꾸리고 행복하게 사는 것이다.

"당신의 능력이 아무리 뛰어나도 일할 곳이 없으면 소용이 없다."

성공한 부자들은 더욱더 성공하기 위해서 생각하고, 행동하고, 노력한다. 그렇다 보니 일반 사람들은 그들과의 격차가 너무 벌어지게 되어 질투하는 것밖에 안 된다.

성공한 부자들을 비판하고 질투하지 마라. 이런 마음이 든다면, 당신은 그냥 그런대로 사는 게 더욱더 마음이 편할 것이다. 앞에서 언급했듯이 당신이 부자를 싫어한다면, 부자가 되는 방법조차 당신 곁에 오지 않는다는 것을 알아야 한다. 비판하고 질투하고 부러워 한다고 해서 성공한 부자들은 당신들에게 1원도 주지 않는다. 그냥 마음만 불편하고 자기 기분만 부정적으로 만드는 효과가 있을 뿐이다.

비판하는 사람들 속에 들어가지 않는 '작은 행동'이 반드시 필요하다.

자신은 그런 사람들과 함께 있으면서 비판하지 않는다고 해도 절대로 같이 있지 마라. 기업가의 눈에는 그런 사람들과 함께 있는 것만으로도 오해할 이유가 충분하고, 나에게 다가오고 있던 '기회'마저 사라질지도 모른다.

부자들을 인정하기 싫다면 자신의 현재를 인정하면서 그냥 편안한 마음을 가지고 월급을 주는 사장에게 감사해라. "내가 일한 만큼 내가 받아 가는 거야."라고 말하지도 모른다. 하지만 먼저 일자리를 준 사장에게 감사해라. 그것이 첫 번째로 행동할 부분이다.

생각이 즉시 현실로 나타나지 않는 이유

그리고 이런 질문을 받게 될 수도 있을 거 같아서 적어본다.

"생각하는 대로 된다.", "생각이 현실이 된다."고 성공자들은 이야기한다.

"그럼 왜 생각하면 바로 현실로 나타나지 않는 거죠?"

한번 생각해 보자. 생각이 바로 현실로 나타난다면, 이 세상은 혼란 그 자체가 될 것이다. 생각이 곧바로 현실로 나타나지 않는다는 점은 아주 멋진 것이고, 다행이다. 자신이 원하는 것을 생각 중에도 다시 되돌릴 수 있고 변화시킬 수 있고, 원하는 바를 생각하면서 더욱더 구체적으로 생각할 수 있는 시간을 주는 것이다. 생각하면 현실로 즉시 나타나지 않는 점을 감사해야 한다.

생각하는 것이 바로 현실로 나타났다면? 대부분의 생각이 즉시 현실로 이루어진다면? 긍정적인 부분보다는 부정적인 부분이 훨씬 더 많이 차지할 것이다. 온몸에 소름이 돋을 정도로 끔찍할 것이다. 왜냐하면 부정적인 생각들을 더 많이 하는 것이 바로 사람이기 때문이다.

긍정적인 생각에서 부정적인 생각으로 바꾸는 것은 엄청 쉽다. 모든 사람들이 즉시 가능하다. 그런데 부정적인 생각에서 긍정적인 생각으로 돌리기는 엄청난 에너지를 소모한다.

부정적인 생각을 오래 하게 되면, 부정에 더하기 혹은 곱하기 형태로 생겨나고, 일어나지도 않을 일들을 추가해서 생각하고 확장한다. 파괴적인 생각이 즉시 현실로 나타나지 않고 올바른 생각으로 전환시킬 수 있는 시간이 주어짐에 우리는 감사해야 한다.

이상주의자와 현실주의자의 차이

　　　　　이상적인 마인드를 가져야 하는 이유가 있다.
'이상주의자들은 현실주의자가 될 수 있고, 현실주의자는 이상주의자가 될 수 없다.'
이해가 되는가? 이상주의자들은 미래에 자신이 무엇을 할지, 무엇을 하고 싶은지 생각하고 목표를 정하는 사람을 말한다. 이렇게 미래에 대한 목표와 계획을 세우는 사람은 '현재' 자신이 무엇을 해야 하는지 잘 알고 있을 수밖에 없다. 미래의 목표에 다가가기 위해서 현재에는 무얼 해야 하는지 알고 있기 때문에 현실주의자가 될 수 있다.

이상주의자는 더 나은 미래를 위해 이상(ideal)을 추구하며, 현실의 한계를 초월하거나 극복하고자 하는 사고방식을 가진 사람이다. 이들은 종종 "가능성"에 초점을 맞추며, 현재의 조건보다 더 나은 상태를 상상하고 이를 실현하려 노력한다.
현실주의자는 현재의 조건과 제한을 기반으로 사고하며, 현실적으로 가능한 일에 집중한다. 이들은 이상을 중요하게 여길 수 있지만, 이를 실현하기 위한 구체적 방법과 제약을 더 중시한다.

현실주의자가 이상주의자가 되기 어려운 이유를 보면, 심리적 안정성에 초점을 둔다. 현실주의자는 현재의 제약과 구조를 인정하며 그 안에서 자신 스스로의 생각에 최적의 선택을 찾아왔기 때문에, 이상적인 사고로 전환하는 데 심리적 저항이 있을 가능성이 높다. 안정된 "프레임"을 버리는 것이 불편하게 느껴질 수 있다.

그리고 리스크에 대한 민감성이 아주 예민하다. 현실주의자는 가능성과 이상보다는 실패와 위험을 더 많이 고려한다. 이상주의자가 되려면 이러한 리스크를 감수해야 하는데, 현실주의자는 본능적으로 이를 피하려 할 수 있다. 그리고 창의적 상상력의 한계를 느끼면, 현실주의자는 이미 주어진 조건 내에서 사고하기 때문에, 조건을 뛰어넘는 비전을 상상하거나 이를 믿는 데 제한이 있을 수 있다.

우리가 인생을 살면서 기존 시스템에서 일해 온 현실주의자는 새로운 시스템을 상상하는 데 어려움을 겪을 수 있다. 가장 큰 문제를 발생시키는 부분은 바로 '동기 부족'이다. 현실주의자는 현실에서 이미 자기 기준 혹은 타인의 기준으로 결핍을 느끼지만, 성취를 이루고 있다고 생각할 가능성이 높기 때문에, 이상을 추구하려는 동기가 부족할 수 있다.

하지만 현실주의자가 이상주의자가 될 수 없다는 것은 절대적인 법칙은 아니다.

자신 스스로가 극적인 변화 경험을 체험하면 현실주의자도 인생에서 커다란 변화를 겪게 된다. 그리고 더 나은 이상을 실현하려는 강한 동기를 느낄 경우, 이상주의적인 사고로 전환할 가능성이 있다.

이상주의적인 사고로 전환하기 위해서 스스로 마인드 훈련을 위해 학습과 노출을 시도하면 새로운 아이디어와 이상에 지속적으로 노출됨으로써 현실주의자도 이상주의적인 관점을 받아들일 가능성이 있다.

현실주의자가 이상주의자가 되는 것은 더 많은 내적, 외적 변화가 필요하다. 이 차이는 이상주의와 현실주의가 각각 출발하는 사고방식의 근본적 차이에서 발생한다. 그러나 사람의 사고방식은 정적인 것이 아니기 때문에, 예외적인 상황이나 강력한 동기를 통해 변화는 가능하다고 볼 수 있다.

자신의 미래에 대한 목표와 계획이 없는 현실주의자들은 자신이 지금 이 자리에서 해야 할 것이 무엇인지 알 수가 없다는 것이다.

그러므로 현실주의자가 되고 싶으면, 이상주의자가 되어야 한다. 이상주의자가 되고 싶으면, 미래에 대한 명확한 목표를 설정해야 한다는 결론이 나오는 것이다.

제3장

과학적으로 증명된
생각의 현실화

눈으로 본 것만 믿는 사람들을 위한 과학적 근거

나도 한때는 보이지 않는 것들이 존재한다는 것에 대해 부정적이었다. '보이지 않는 것을 믿는 것은 참 힘든 일이다. 엄연히 두 눈을 뜨고 있는데 왜 안 보이는 것을 믿어야 하지?'라고 말이다.

하지만 생각에 대한 책과 영상, 경험과 체험으로 인해 확실하게 믿게 되었다. 더욱이 최근에 밝혀진 뇌에 대한 공부를 했을 때, 이는 더욱 확실해졌다.

몇 가지 과학적으로 나타난 생각의 현실화에 대한 예를 들어보겠다. 《The Secret》이라는 책을 참고해 보자.

"영상을 그리면 그 영상이 물질세계에 나타난다. 마음에는 재미있는 구석이 있다. 우리는 올림픽 선수들을 데려다가 마음속으로 올림픽 경기에 참여하는 모습을 상상하라고 한 다음에 정교한 생체자기 장비에 선수들을 연결했다. 믿어지지 않겠지만, 생각으로만 달렸는데도 선수들이 실제로 트랙에서 달릴 때와 같은 순서로 근육이 반응을 보였다. 어떻게 이런 일이 일어났을까? 뇌는 우리가 실제로 하는 건지, 그냥 연습일 뿐인지 분간하지 못하기 때문이다. 마음이 가 있는 곳에 몸도 가 있게 마련이다."

- NASA, 데니스 웨이틀리 박사

왜 실제로 달리지 않고 머릿속에서 달리는 생각을 했을 뿐인데, 우리 몸의 근육들이 달릴 때와 똑같이 움직이고 반응을 보인 것일까? 참으로 신기한 실험이다.

그렇다. 우리의 뇌는 과거, 현재, 미래를 구분하지 못한다는 과학적 근거가 제시된 것이다.

미래를 구분하지 못한다면? 그리고 현재 내가 생각하는 것이 미래에 영향을 줄 수 있다면 어떤 생각을 할 것인가? 가난한 미래? 그럴 사람은 없다. 아마도 대부분 부유한 미래일 것이다.

생각의 힘, 또는 끌어당김의 법칙 중 가장 중요한 부분을 다음부터 소개하고자 한다.

생각과 뇌의 상관관계

인디언 할아버지가 손자에게 말했다.

"인간의 마음은 늑대 두 마리의 싸움터란다. 한 마리는 악이야. 분노, 질투, 탐욕, 적개심, 열등감, 거짓말, 자만심을 일으키지. 다른 하나는 선이야. 평화, 희망, 기쁨, 사랑, 겸허, 친절, 공감, 진실을 만든단다."

소년은 잠시 생각하다 물었다.

"할아버지, 어떤 늑대가 이겨요?"

노인이 조용히 대답했다.

"네가 먹이를 주는 쪽."

-앨런 피즈, 바바라 피즈의《결국 해내는 사람들의 원칙》중에서-

위의 내용처럼 우리의 뇌에도 마찬가지로 자신 스스로가 어떤 생각을 하는지에 따라서 그 힘이 커진다. 긍정이라는 먹이를 많이 주면 긍정이 부정을 잡아먹게 될 것이고, 부정에게 먹이를 많이 주면 부정이 긍정을 잡아먹게 된다. 우리의 뇌는 "내가 생각한 건 모두 실행한다."

명상은 단순히 마음을 고요히 하는 것을 넘어, 뇌의 구조와 기능에 깊은 영향을 미치는 과학적으로 입증된 활동이다. 명상이 뇌에 미치는 긍정적 효과는 신경가소성(neuroplasticity)을 통해 이루어지며, 이는 우리의 사고, 감정, 행동 방식까지 변화시킬 수 있다.

명상이 뇌에 미치는 주요 영향을 과학적으로 잠깐 살펴보자.
편도체(Amygdala) 활동 감소 : 편도체는 스트레스와 두려움을 처리하는 뇌의 중심인데, 명상은 이 부위의 활동을 감소시켜 불안과 스트레스를 줄인다.
명상의 결과 : 더 차분하고 안정된 감정 상태 유지.
코르티솔(Cortisol) 분비 감소 : 명상은 스트레스 호르몬인 코르티솔 분비를 억제해 신체적 긴장과 불안을 완화한다.
전전두엽(Prefrontal Cortex) 활성화 : 전전두엽은 의사결정, 계획, 집중력, 그리고 자기조절과 관련된 뇌 영역이다. 명상은 전전두엽의 두께를 증가시키고 활동을 강화해 주의력을 향상시킨다.
해마(Hippocampus) 강화 : 해마는 기억과 학습을 담당하는데, 명상은 이 부위의 신경 연결을 강화해 인지 능력을 높인다. 명상으로 해마에게 미치는 결과는 더 나은 기억력과 학습 능력을 가지게 된다.
뇌의 회복 탄력성(Resilience) 증가 : 명상은 스트레스와 역경 속에서도 뇌가 평온함과 균형을 유지할 수 있는 능력을 키워준다.

* 신경가소성 촉진

명상은 뇌가 경험을 통해 스스로 구조를 바꾸고 재조직화할 수 있도록 돕는다.
예를 들어, 명상을 꾸준히 하면 긍정적인 습관을 형성하고, 부정적인 사고 패턴을 줄일 수 있다.

* 명상과 뇌 건강의 실질적 이점

정신 질환 예방 : 우울증, 불안 장애, PTSD와 같은 정신 건강 문제를 예방하거나 완화.
뇌 노화 지연 : 명상은 뇌세포의 손상을 줄이고, 노화 과정에서의 신경 퇴화를 방지.
삶의 질 향상 : 명상은 뇌의 보상 시스템을 자극해 더 많은 행복감과 만족감을 느끼게 함.

명상은 단순히 마음을 안정시키는 활동을 넘어, 뇌의 구조와 기능을 변화시키는 강력한 도구이다. 꾸준히 명상을 실천하면 뇌의 신경 연결을 강화하고, 스트레스 관리 능력을 키우며, 전반적인 정신적, 신체적 건강을 개선할 수 있다. 이처럼 명상은 우리에게 정신적인 부분만이 아니라 육체적인 부분에도 영향을 미치고 있다는 연구결과가 있다.

수많은 연구들이 명상의 생리학적 효과를 보여주었다. 그리고 하버드 대학의 연구가 발표되었다. Massachusetts General Hospital(MGH)에 있는 하버드 대학교 연구자들에 의해 수행된 8주까지 연구는 명상이 단지 8주 만에 뇌의 해마 회백질을 재건한다는 사실을 밝혔다.

> "명상의 수련이 평온함과 신체적 이완과 관련되어 있다고 하더라고 수련자들은 명상이 인지적이고 심리적 이점을 하루 종일 제공한다고 오랫동안 주장해 왔다. 이 연구는 기존에 보고된 향상점들이 뇌 구조상의 변화에 근간을 두고 있다는 것과 사람들이 이완되는 시간을 보내고 있기 때문에 바로 느끼지 못하고 있음을 입증하고 있다."

Harvard Medical School Instructor in Psychology와 MGH

Psychiatric Neuroimaging Research Program의 사라 라자(Sara Lazar) 박사는 이 연구에 참여하기에 앞서 2주간 16명의 연구 참여자들의 뇌 MRI사진을 찍었고, 연구가 완료된 이후에도 찍어서 비교 수행했다.

MRI 분석은 명상과 관련된 차이점을 밝히는 데 있어 초기에 연구되었던 뇌 부위에 초점을 맞추었는데, 해마의 회백질 밀도가 증가했음을 발견했다. 해마는 학습과 기억에 중요한 것으로 알려져 있고 자기인식, 연민, 자기성찰(introspection)과 관련된 구조 속에 존재한다.

연구를 위해 참여자들은 매일 대략 30분 정도를 명상 수련을 실시하였다. 이 수련은 명상 유도를 위한 오디오 녹음을 이용해서 감각, 기분, 마음의 상태에 대해 판단하지 않고 자각하는 것에 초점을 두었다.

> "뇌의 가소성을 직접 눈으로 보는 것과 우리가 명상을 수련함으로써 우리의 뇌를 적극적으로 변화시킬 수 있다는 것, 그리고 우리의 웰빙과 삶의 질을 향상시킬 수 있다는 것은 매우 매혹적인 일이다. 환자집단을 대상으로 한 다른 연구들은 명상이 다양한 증상을 호전시키고 있다는 것을 보여주었고, 우리는 이런 변화를 촉진시키는 뇌 속의 기본 메커니즘을 연구하고 있다."

독일에 있는 MGH and Giessen University의 연구자이며, 그 논문의 제1저자인 Britta Hozel은 말한다. "과학적으로 명상, 즉 생각하는 것만으로도 우리의 뇌가 변화하는 모습을 볼 수 있다. 그것도 추정이 아닌 과학적으로 말이다."

이처럼 생각하는 힘이 우리의 뇌를 바꿈으로써 육체적 정신적 능력까지 내가 원하는 대로 발전할 수 있다는 것이다.

명상을 하게 되면 뇌에 영향을 주어 집중력 향상이 된다는 건 많이 들어봤을 것이다. 집중력은 몰입이 된다. 몰입이 된다는 것은 우리가 생각하는 대로 만들어내는 데에 대해서 아주 확실한 방법 중 하나이다. 집중력 있게 원하는 목표를 꾸준히 생각하면 뇌에서 착각을 일으킨다.

망상활성계(Reticular Activating System)의 역할

망상활성계(Reticular activating system), 즉 RAS는 내가 관심 있어 하는 것만을 찾는다.

1. 망상활성계의 구조
망상활성계는 뇌의 여러 구조물과 연결되어 있으며, 그 주요 구성 요소는 다음과 같다.

뇌간(Brainstem) : 망상활성계는 주로 뇌간에서 시작되며, 이곳은 뇌의 하위 부분으로 척수와 연결되어 있다. 뇌간은 중뇌, 교뇌(pons), 연수(medulla oblongata)로 구성된다.

대뇌피질(Cerebral Cortex) : 망상활성계는 대뇌피질과 연결되어 있으며, 이 연결을 통해 각성과 감각 자극에 대한 반응을 조절한다.

시상(Thalamus) : 시상은 감각 신호를 대뇌피질로 전달하는 주요 중계소 역할을 한다. 망상활성계는 시상과도 밀접한 관계를 맺고 있다.

2. 망상활성계의 기능

망상활성계는 여러 가지 중요한 기능을 수행한다.

각성 유지(Arousal and Wakefulness) : 망상활성계는 뇌의 각성 수준을 조절한다. 이 시스템이 정상적으로 작동하면 우리가 깨어 있는 동안 주의력과 집중을 유지할 수 있다.

집중력과 주의 (Attention and Focus) : 특정 자극에 대한 반응을 조절하고, 감각 정보를 필터링하여 우리가 중요한 것에 집중할 수 있게 한다.

수면-각성 주기 조절 (Sleep-Wake Cycle) : 망상활성계는 수면과 각성 사이의 전환을 관리하는 데 중요한 역할을 하며, 뇌파 활동과 관련이 있다.

감각 신호 처리 (Sensory Information Processing) : 다양한 감각 자극에 대해 필터링하고 이를 중요도에 따라 대뇌피질로 전달한다.

3. 망상활성계의 주요 기능과 관련된 뇌의 네트워크

망상활성계는 여러 뇌의 중요한 네트워크와 연결되어 있으며, 그 중 일부는 다음과 같다

기억과 학습 : 망상활성계는 뇌의 기억과 학습 기능을 담당하는 해

마(hippocampus)와도 관련이 있다. 특정 자극에 대한 주의를 기울이면, 기억 형성과 학습이 이루어질 수 있다.

감정 처리 : 망상활성계는 감정과 관련된 뇌 영역인 편도체(amygdala)와 연결되어 감정 반응을 조절할 수 있다.

자율 신경계 : 뇌간의 역할을 통해 심장 박동수, 호흡, 혈압 등의 자율 신경계 기능을 제어한다.

즉, 긍정적인 결과를 생각하면 RAS는 방법을 찾아내고, 부정적인 결과를 생각하면 그 또한 RAS는 방법을 찾아낸다. 구분하지 않는다.

구분하지 않는 이유는 망상활성계(Reticular activating system) 입장에서는 내가 관심을 꾸준히 가지고 있는 생각에만 집중한다. 문지기, 필터, 파수꾼이라는 이름을 가지고 있는데, 우리의 의식 속으로 어떤 정보를 들여보내고 들여보내지 않을지 결정한다.

* 칵테일파티 효과에 대해서

칵테일파티 효과(Cocktail Party Effect)는 인간의 청각적 주의력과 정보 처리에 관한 중요한 심리학적 현상이다. 이 용어는 사람들이 소란스러운 환경, 예를 들어 칵테일파티처럼 여러 사람들의 대화와 배경 소음 속에서도 특정한 소리나 말을 집중해서 들을 수 있는 능력을 설명한다. 이 효과는 주로 "선택적 청각"이라고도 하며, 여러 자극이 동시에 주어지는 상황에서 중요한 정보를 선택적으로 듣고 그 외의 자극은 무시하는 능력을 말한다. 칵테일파티 효과는 심리학, 신경과학, 인지과학 등 여러 분야에서 중요한 연구 주제로 다뤄지고 있다.

칵테일파티 효과는 여러 소리나 대화가 혼재된 환경에서도 특정한 소리나 대화에 집중하는 능력을 뜻한다. 이 현상은 우리가 필요로 하는 정보나 중요한 정보를 선택적으로 인식하고, 나머지 정보는 무시하는 능력을 강조한다.

선택적 청각(Selective Auditory Attention) : 칵테일파티 효과의 핵심 개념은 선택적 청각이다. 이는 인간이 여러 소리 중에서 관심 있는 소리를 필터링하여 듣는 능력을 의미한다.

배경 소음 속에서의 주의력 집중 : 사람들이 파티와 같은 시끄러운 장소에서 대화할 때, 배경의 소음이나 다른 사람들의 대화를 무시하고 자신이 듣고 싶은 대화에 집중하는 현상을 설명한다.
칵테일파티 효과는 뇌의 주의력 시스템과 밀접한 관계가 있다. 특히 뇌의 망상활성계(RAS)와 청각 피질(Auditory Cortex)이 중요한 역할을 한다.

망상활성계(RAS) : 뇌간에서 시작되는 이 시스템은 각성 및 주의력 조절에 중요한 역할을 하며, 우리가 특정 자극에 주의를 기울일 때 활성화된다.

청각 피질(Auditory Cortex) : 뇌의 측두엽에 위치한 청각 피질은 소리를 처리하고 그중에서 중요한 정보를 선별하는 기능을 한다. 이 부분이 칵테일파티 효과를 발휘하는 데 중요한 역할을 한다. 칵테일파티 효과가 일어날 때, 뇌는 여러 개의 청각 자극을 동시에 처리하면서도 원하는 소리(예 : 이름을 부르는 소리)에 집중할 수 있게 한다. 이때 신경망은 어떤 소리를 더 중요한 정보로 인식하고 다른 소리는 무시하게 된다.

칵테일파티 효과의 이해를 돕기 위한 여러 심리학적 실험들이 진행되었다. 그중 대표적인 실험은 딕슨 실험(Shadowing Task)이다. 딕슨 실험의 실험 참여자는 한 귀에 주어지는 소리를 따라 말하는 동시에, 다른 귀에서는 또 다른 소리가 들린다. 이 실험을 통해 사람들이 특정 대화나 정보를 집중적으로 따라가고, 다른 자극은 무시한다는 것을 확인할 수 있었다.

또한 실험에서는 이름에 대한 반응도 중요한 요소로 관찰된다. 사람들이 시끄러운 환경에서 다른 사람의 대화에 집중하고 있을 때, 자신이 부른 이름을 듣게 되면 즉시 그 대화에 주의를 돌리는 현상이 관찰된다. 이를 통해 인간이 중요하다고 판단한 정보는 자동으로 처리된다는 것을 알 수 있다. 칵테일파티 효과는 일상생활에서뿐만 아니라 여러 분야에서 중요한 의미를 갖는다.

음악과 음향 기술에서 음악과 다양한 악기 소리나 음향을 구별하는 능력, 혹은 노이즈 캔슬링 기술 등이 칵테일파티 효과의 원리를 응용한 기술로 볼 수 있다.

인공지능과 신경망은 신경망이 사람처럼 여러 자극을 처리하고 중요한 정보를 선택하는 방식에 칵테일파티 효과의 원리가 적용된다. 예를 들어, 음성 인식 시스템에서 백그라운드 소음을 필터링하고 필요한 대화만을 추출하는 기술 등이 있다.

즉, 위의 과학적인 뇌의 기능으로 봤을 때, 우리는 우리가 생각하는 것, 집중하는 것에 대한 내용들을 뇌가 스스로 찾아내기 시작한다. 내가 부정적인 생각을 계속 유지한다면, 망상활성계(Reticular activating system)는 긍정적인 부분은 모두 걸러내어 부정적인 것과 관련된 부분만을 시각적인 정보와 나의 생각에 집중적으로 찾아준다.

반대로 우리가 성공, 부유함, 행복, 건강을 원하고 생각하고 집중을 꾸준히 한다면, 망상활성계(Reticular activating system)는 내가 집중적으로 생각하는 부분에 적합한 방법을 찾아 주고 행동으로 나아갈 수 있는 길을 열어준다는 것이다. 이토록 생각은 중요한 것이다.

신경가소성(Neuroplasticity): 뇌는 변화할 수 있다

신경가소성을 정리하자면, 일생 동안 내가 원하는 것을 끊임없이 생각하면 스스로가 내가 생각하는 대로 신경회로를 바꾼다는 것이다. 이 말은 내가 생각하는 대로(긍정이든 부정이든) 뇌가 재조정된다는 것을 의미한다.

신경가소성(neuroplasticity)은 뇌가 경험, 학습, 환경 변화에 따라 신경 회로를 재구성하거나 변화시킬 수 있는 능력을 말한다. 신경가소성은 뇌가 성장하고 회복하며, 새로운 기술을 배우거나 다친 뇌를 회복시키는 데 중요한 역할을 한다.

1. 신경가소성의 개념

정의 : 신경가소성은 뇌의 신경 회로가 경험에 따라 물리적으로 변화할 수 있는 능력을 의미한다. 뇌는 시간이 지나면서 신경 세포 간의 연결이 변화하며, 이는 학습, 기억, 그리고 행동 변화에 중요한 역할을 한다.

2. 신경가소성의 원리

시냅스 가소성 : 신경 세포 간의 연결(시냅스)이 자주 사용될수록 강해지며, 덜 사용될수록 약해진다. 이것은 학습과 기억의 기초가 된다.

LTP(Long-Term Potentiation) : 시냅스에서 신경 세포 간의 신호 전달 효율이 오래 지속적으로 강화되는 현상이다.

LTP(장기강화)의 핵심 개념은 반복적이고 강한 신호 전달이 뉴런 사이에 발생할 때, 시냅스의 효율이 장기적으로 강화되는 현상이다. 쉽게 말해, 자주 사용하는 신경 회로가 더 강해지고 신호 전달이 더 쉬워진다. 이는 "연습할수록 더 잘하게 된다."는 뇌의 메커니즘이다.

LTD(Long-Term Depression) : 자주 사용되지 않는 시냅스 연결은 약화된다. 이 과정은 불필요한 정보를 제거하고 뇌의 효율성을 높이는 데 기여한다.

LTD의 정의 : LTD는 뉴런 간 시냅스 강도(synaptic strength)가 시간이 지남에 따라 약해지는 것을 의미한다. 이는 신경회로가 비활성화되거나 덜 사용될 때 일어나며, 뇌의 불필요한 연결을 제거하고 중요한 정보만 유지하도록 돕는다.

3. 신경가소성의 촉진 요소

학습과 경험 : 반복적인 학습과 경험은 신경 회로의 변화를 촉진한다. 새로운 기술을 배우거나 어려운 문제를 해결할 때, 뇌는 새로운 연결을 형성한다.

운동 : 규칙적인 운동은 뇌의 혈류를 증가시키고 뇌의 새로운 신경 세포 생성을 촉진하는 데 중요한 역할을 한다.

사회적 상호작용 : 사회적 자극이나 대화가 뇌에 긍정적인 영향을 미치고, 뇌의 회로를 활성화시킨다.

명상과 스트레스 관리 : 명상과 같은 활동은 뇌의 구조를 변화시킬 수 있으며, 스트레스는 신경가소성에 부정적인 영향을 미칠 수 있다.

신경가소성의 설명에서 내가 가장 중요하게 보는 내용은 바로 '반복적인 학습과 경험'이다. 반복, 즉 나의 목표, 원하는 것을 꾸준히 생각한다면, 신경가소성의 원리로 이해할 수 있는 부분은 바로 "뇌의 구조가 바뀐다."는 결론이 나오게 된다.

여기서 중요한 생각하는 방식은 꼭 '이루어진 것처럼' 과거형으로 생각하는 방법이다.

예를 들어, '성공'에 대해서 목표를 잡고 이루어진 것처럼 생각을 꾸준히 한다면 나의 뇌 구조는 '성공'에 맞는 구조를 가지게 된다 성공자가 하는 생각, 행동, 돈의 흐름, 돈에 대한 자료 등 이 모든 것들이 나의 주위로 나타나게 된다. 왜? 내가 성공에 집중하기 때문이다.

반대로 가난, 빚, 불평, 불만을 내가 집중하고 살아간다면, 뇌의 구조는 부정적으로 회로가 새로 생성될 것이고, 자신의 인생에 부정적인 정보들로 주위를 꽉 채우게 된다.

꼭 명심할 것은 '내 생각을 조심해야 한다.'는 것이다.

신경가소성(Neuroplasticity):
뇌는 변화할 수 있다

많은 사람들이 알고 있고 의학적으로 사용되고 있는 '플라시보 효과'이다.

이것이 의미하는 내용은 약의 효능보다 의사에 대한 신뢰도와 그 신뢰도를 바탕으로 그 약에 대한 확고한 믿음이 만들어낸 결과이다. 아무 효능이 없는 약이 실제로 진통을 완화하였다는 놀라운 연구였다. 이는 '절대적'으로 사람의 마음가짐이 우리 몸의 질병과 통증에 대해서도 생각으로 치유할 수 있다는 연구결과이다.

플라시보 효과는 환자가 치료받고 있다고 믿거나 실제로 의약적인 치료를 받는다고 생각할 때, 물리적인 건강 상태나 증상에 변화가 생기는 현상이다. 즉, 효과가 없는 치료(예 : 설탕 알약, 생리식염수 주사 등)를 받더라도, 환자가 그것이 효과가 있다고 믿으면 실제로 건강이 좋아지는 경우가 발생할 수 있다. 플라시보 효과라는 용어는 라틴어 "플라시보"에서 유래되었으며, "기쁘게 하다"는 의미다. 처음에는 의사들이 환자에게 실제 약이 아닌 가짜 약을 투여하면서 이를 통해 환자에게 심리적인 안도감을 주려고 했다.

플라시보 효과의 개념은 18세기 후반부터 존재해 왔지만, 20세기 중반부터 과학적 연구와 임상 실험에서 중요한 변수로 등장하게 되었다. 플라시보 효과는 약물 시험에서 새로운 약의 효과를 확인할 때, 대조군(placebo group)을 설정하여 평가된다. 이때 대조군은 실제 약물을 받지 않고, 효과가 없는 물질을 복용하거나 주사 받게 된다. 그럼에도 불구하고 일부 환자들은 이 가짜 약에 의해 증상이 개선되는 현상이 나타나곤 한다.

플라시보 효과가 발생하는 이유는 여러 심리적 및 생리적 메커니즘에 기인한다. 주요 작용 원리는 다음과 같다.

*심리적 기대
기대 효과 : 사람들은 특정 약물이나 치료가 자신에게 효과를 줄 것이라고 기대할 때, 그 기대가 실제로 신체적 변화를 일으킬 수 있다. 즉, 약을 복용했다고 믿으면 신체가 치료를 받을 준비를 하며 증상이 완화될 수 있다.
신경과학적 메커니즘 : 연구에 따르면 플라시보 치료를 받을 때, 뇌

의 도파민 시스템과 같은 신경 전달 물질이 활성화되며, 이는 통증 완화나 기분 개선 등 신체적 반응을 일으킬 수 있다.

* **신경-면역 상호작용**

플라시보는 면역 시스템과 관련된 생리적 반응을 유발할 수 있다. 심리적 상태가 면역 체계의 기능에 영향을 미친다는 사실이 밝혀졌다. 예를 들어, 긍정적인 기대나 희망을 갖는 것이 면역 반응을 강화하는 데 도움이 될 수 있다.

* **신체의 자가 회복 능력**

인간의 신체는 종종 자기 치유 능력을 가지고 있다. 플라시보 효과는 이 자가 회복 능력을 자극하는데, 이는 실제로 약물이나 치료가 아닌, 신념이나 기대감에 의해 활성화될 수 있다.

* **감정 상태**

환자의 감정 상태나 심리적 건강도 플라시보 효과에 큰 영향을 디친다. 긍정적인 감정이나 편안한 마음 상태는 회복을 촉진할 수 있으며, 이는 플라시보 효과가 나타나는 데 중요한 역할을 한다.

여기서 또 눈여겨봐야 할 부분은 바로 '기대'효과 인데, 이것을 생각하는 힘에 적용하면 아주 명확해진다.

내가 목표로 삼고 있는 것을, 또는 나의 꿈을 이룬 것처럼 꾸준히 생각한다면, 거기에 동반되는 감정이 생길 것이다. 거기에서 내 인생을 바라보면서 '기대'라는 것이 생기게 되는데, '기대'가 활성화되면 내가 꾸준히 생각하는 목표에 맞는 신체를 변화시키고 그 목표를 받아들일 준비를 해버린다는 것이다.

자신의 건강이 좋지 않다면 당연히 병원에서 치료를 받고 최선의 노력을 기울여야 한다. 하지만 그 전에 당신의 생각부터 점검하고 치료해야 한다. 우리 몸에 갑자기 병이 생기는 법은 없다. 원인이 있으면 결과가 있듯이, 전부 이유가 있다.

여기서 강조하는 내용은, 모든 건강의 발생 원인은 근본인 마음가짐이 중요하다는 것을 말하고 있다.

뇌를 착각하게 만들어 목표를 달성하는 법

고무손 착각 실험(The Rubber Hand Illusion)은 뇌가 시각과 촉각의 정보를 결합하여 가짜 손을 실제로 느끼게 만드는 착각 현상이다. 이 현상은 신체의 경계를 어떻게 인식하는지에 대한 뇌의 이해를 보여주는 실험적 예시로, 신경과학 및 심리학 연구에서 자주 사용된다.

참가자는 탁자에 앉아 자신의 손을 보지 않고 숨기고, 대신 탁자 위에 가짜 손(고무손)을 놓는다. 이 가짜 손은 실제 손처럼 생겼고, 참가자는 그 손을 볼 수 있다. 실험자가 참가자의 실제 손과 가짜 손을 동시에 가볍게 쓸어준다. 중요한 점은, 참가자가 자신의 실제 손은 보지 못하지만, 가짜 손은 시각적으로 명확하게 인식하고 있다는 것이다. 일정 시간이 지나면, 참가자는 가짜 손이 자신의 실제 손처럼 느껴지기 시작한다. 가짜 손에 손톱을 찔리거나 촉각 자극을 주었을 때, 참가자는 그 자극이 실제로 자신의 손에 가해졌다고 착각할 수 있다.

이 실험에서 나타나는 착각은 뇌가 시각적 정보와 촉각적 정보를 통합하려는 경향에서 비롯된다. 뇌는 시각적으로 자신이 볼 수 있는 손에 대한 정보를 바탕으로 자신의 신체 일부로 간주하게 되고, 이로 인해 고무손을 실제 손처럼 인식하게 된다.

쉽게 테스트해 볼 수 있는 방법으로는 눈을 감고 지금 당신의 입속에 레몬이 있다고 생생하게 상상하고, 통째로 씹고 있다고 생각하게 되면 얼굴을 찡그리거나, 입속에 침이 많이 나오거나, 몸에 찌릿한 반응을 느낄 수가 있다. 왜 현재 내 입속에 레몬이 없는데도 불구하고 내 몸이 반응을 보이는지에 대해서 생각해 봐야 한다.
어떤 사람은 이렇게 이야기한다. "그 맛을 알고 있으니까!"라고.
하지만 우리가 흔히 알고 배운 것은 미각이 맛을 느끼게 한다는 사실이다. 미각이라는 것은 음식물이 들어갔을 때, 그 음식물에 대한 성분이 혀로 전달이 되었을 때만 느껴야 하는 것이다.
그렇지만 실제로 입속에 레몬이 없는데도 불구하고 레몬을 먹어 본 사람이라면 그 맛을 느낄 수가 있다. 이 뜻은 바로 뇌가 착각을 일으키고 있다는 점이다. 이 점을 잘 생각해 볼 필요가 있다.

그럼 뇌가 실제로 없는 것을 상상했을 때, 착각을 일으킨다면?

'내가 원하는 것을 이루었다고 생각하면 뇌가 또 반응을 보일까?' 라고 생각한다면 상당히 훌륭한 생각이다. 뇌의 착각으로 신체적 반응이 온 걸 그대로 해석하면 공부, 스포츠 등 분야에서 1등이 된 것처럼 생생하게 상상하면 내 몸이 반응을 일으킨다는 아주 쉬운 예가 된다.

공부로 예를 들면, 뇌의 착각으로 공부로 전교 1등을 한 모습을 생생하게 꾸준히 그리면 분명히 몸에서 공부에 관해서 최적의 반응과 방법이 보일 것이다. 그리고 내가 어떤 행동을 해야 하는지 떠오르게 된다. 실제로도 올림픽에서 금메달을 따낸 국가대표 선수들은 이미지 트레이닝을 꼭 하고 있다. 우승했을 때의 모습, 금메달을 목에 걸고 있는 모습을 이미지 트레이닝하고 있다.

그리고 더욱 놀라운 건 우리 대한민국의 양궁이다.
올림픽에서 금메달을 따는 것보다 더 힘들다고 더 말하는 것이 바로 대한민국 국가대표 선수가 되는 일이라고 할 정도로 뛰어난 실력을 가지고 있다. 이 선수들은 실제로 경기를 위해서 경기장으로 이동 중 버스 안에서조차 TV로 과녁에 백발백중으로 화살이 들어가는 영상과 우승했을 때 국민들이 환호해 주는 모습을 영상으로 보고 이미지 트레이닝을 하고 있다. 이처럼 성공자, 금메달리스트

등 정상에 있는 사람들은 다르다. 무엇이? 바로 생각하는 방법이 다른 것이다.

내가 원하는 모습은 다가올 미래에 대해서 상상하는 능력이다. 가진 것처럼 생각하고 꾸준히 반복하다 보면, 나의 뇌는 "착각"을 일으켜 나를 그곳에 보내준다.

제4장

작은 성공부터 시작하기

성공의 내비게이션을 설정하라

예를 들어, 어떤 장소를 간다고 하면, 택시를 타거나 승용차로 내비게이션을 설정하고 가면 된다. 너무 쉽다. 요즘은 처음 가는 장소를 찾아갈 때, 굳이 내비게이션을 설정하지 않은 채 어딘지도 전혀 모르는 길을 자가용을 타고 혼자서 힘들게 찾아가는 분은 없다. 자신이 모르는 길이 있다면 잘 아는 사람에게 물어보거나, 내비게이션이나 인터넷, 모바일로 검색해서 확실하게 위치를 알고 찾아간다. 또 자가용이 없는 사람일 경우 대중교통을 이용하여 목적지로 가면 된다. 대중교통은 정확한 노선이 표기되어 있고, 시간 또한 거의 정확하다.

쉬운 길이 있다면 쉬운 길로 가면 되고 어려운 길이 있다면 조금 더 쉬운 길로 알아내어 가면 된다. 서울에 있을지, 부산에 있을지 모르는 목적지를 혼자서 힘들게 찾아보지 말고, 이미 가본 사람이나 확실한 길을 알고 있는 사람, 또는 최소한 어느 지역에 있는지 아는 사람에게 물어보고 출발하면 된다. 혼자서 아무것도 모른 상태에서 출발하면 고생하고 포기하게 된다. 그러나 이미 가본 사람의 말을 듣고 찾아가면 가는 길이 아주 수월하다.

하지만 자신 스스로가 새로운 것을 개척한다고 나아가는 것 또한 정답인데, 그러나 그 과정은 많은 시련과 역경을 동반하게 된다. 시련과 역경을 넘어갈 수 있다는 마인드가 있다면 새로운 길을 찾아서 더욱더 빠르게 갈 수 있는 길을 찾는 것 또한 방법이다.

등산을 예로 들어보자. 내가 오르고 싶은 산이 있는데, 누가 봐도 가장 빨리 정상을 정복할 수 있는 것은 바닥에서 정상까지 직선으로 올라가면 된다. 가파른 산을 직선으로 올라갈 수 있는 체력(마인드)이 충분하다면 시도해 볼만하다.

내가 체력(마인드)이 아직 준비되지 않은 상태라면, 다른 성공자들이 만들어 놓은 길, 혹은 지그재그로 올라가는 길을 따라간다면, 시간이 조금 더 걸릴 수 있겠지만, 내가 가진 체력으로 충분히 정상을 정복할 수 있게 된다.

이것 또한 당신의 선택이다. 아무리 좋은 말과 좋은 책, 좋은 영상, 좋은 방법이 있다고 해도 자신이 선택하고 행동하지 않으면 필요가 없고, 알아낸다고 해도 실천하지 않으면 다시 시작점인 것이다.

일단 모든 것이 자신에게 좋은 기회라는 긍정적인 마음을 가지고 실천하겠다는 결의가 가장 중요하다.

무조건 다른 사람들의 방법을 따라야 한다고 제시하는 것은 아니다. 그러나 우리 인간은 무에서 유를 창조하는 것이 불가능하다. 무에서 유를 창조할 수 있는 것은 '창조주(하나님)' 말고는 없다.

우리는 시각적인 정보와 경험적 정보를 토대로 상상할 수 있다. 이 세상에 존재하지 않는 것들은 상상조차 할 수가 없다는 것이다.

인간이 무에서 유를 창조할 수 없다는 것은 사실 우리가 완전히 새로운 것을 만들어내기보다는 기존에 존재하는 요소들을 조합하거나 변형하여 새로운 것을 만들어낸다는 뜻이다. 이는 창조와 발명이 대부분 기존의 아이디어, 자연, 경험, 관찰에서 영감을 얻는 과정을 포함한다.

자연은 수많은 발명의 원천이 되어 왔다. 예를 들어, 비행기는 새의 비행을 관찰하며 영감을 얻었고, 벨크로는 식물의 가시나 씨앗이 옷에 붙는 현상을 모방해 발명되었다.

인간은 이미 알고 있는 지식을 기반으로 새로운 아이디어를 발전시킨다. 예를 들어, 증기기관이 발명되었을 때, 이를 활용한 열차, 공장 기계 등 다양한 응용 기술이 개발되었다.

사람은 기존에 본 것을 재구성하거나 상상력을 통해 새로운 아이디어를 구상한다. 예술이나 문학에서도 마찬가지로, 완전히 허구적인 세계도 현실에서 본 것들의 변형으로 구성된다.

인간의 꿈, 감정, 잠재의식은 창작의 중요한 요소다. 심리학적으로 무의식과 의식이 만나 새로운 발상으로 이어지는 과정이 매우 중요하다.

철학자 아리스토텔레스는 "창조는 본질적으로 조합"이라고 했다. 새로운 아이디어는 기존의 것들을 새로운 방식으로 연결하는 데서 나온다. 과학적 발견도, 예술적 작품도 이 원칙에서 벗어나지 않는다. 결론적으로 인간은 자연, 경험, 문제 해결의 필요성, 문화, 내적 영감 등에서 출발하여 기존의 것을 변형하고 결합함으로써 새로운 것을 창조한다. 창조의 핵심은 "어떻게 기존의 것들을 새로운 방식으로 바라볼 수 있는가?"에 달려 있다. 즉, 우리에겐 모티브(Motive)가 반드시 필요하다.

성공자들이 이미 만들어 놓은 길로 따라가면서 나의 것으로 발전해 나가는 것이 바람직하다고 볼 수 있다. 성공의 내비게이션은 바로 내가 원하는 목표에 가장 근접하는 대상을 적절하게 카피(Copy)하는 것이다.

원인이 없는 결과는 없다:
"불이 없으면 연기도 없다"

내 생각으로 인생을 만들어낸 상황이라고 생각하고 행동한다면, 당신에게 모든 사람은 우호적으로 변해 갈 것이며, 주변 사람들이 당신의 겉모습으로 보는 상황이 혹은 비굴해 보이거나 조금 자존심이 상하는 모습으로 비춰진다고 해도 부정적 자존심을 내세우지 않고 모든 일의 원인을 나에게서 왔다고 먼저 인정하는 사람이 된다면, 나에게는 물론이고 타인에게도 인정받을 수 있는 마인드를 가진 사람으로 변한다. 이 한 가지만 이해한다면 꼭 성공적인 인생을 살아가는 사람이 될 것이다. 장담하고 보장한다.

"내 탓이다."라고 생각하는 부분에서 내 탓을 지적하는 행위는 가슴속 마인드로 하라는 뜻이다.
나를 비난하라는 뜻이 아니다. "내 탓이다"라는 단어가 부정적으로 느껴진다면, 어떤 상황에서 "나에게 있는 원인은 무엇일까?"라는 방식으로 생각하는 것이 좋다. 생각으로 인정하고 마음속에서 정리가 되면, 그때 행동으로 표현하면 된다.

실패한 상황이나 다툼, 인간관계에 문제가 생겼을 때는 자세히 자신의 마음을 들여다보는 마음이 필요하다. 문제는 메아리와 동일하다. 메아리처럼 욕을 하면 욕이 돌아오는 것이고, 칭찬을 하면 칭찬이 돌아온다. 거울을 보며 긍정이든 부정이든 대화를 한다면 도두 다 나와 하는 대화다.

문제에 대해서 부정적으로 생각하기 이전에, 내가 어떤 행동을 했기에 이런 상황이 생겼는지 생각해 보는 마음가짐이 필요하다. 이 방법을 꾸준히 연습하고 생각한다면, 분명히 지금까지 살아왔을 때보다 분노나 부정적인 생각이 빨리 정리되고 편안한 마음을 가질 수 있을 것이다.

"불이 없으면 연기도 없다."

- 플라우투스

내 탓이라는 어감이 맘에 들지 않는가? 그렇다면 '나로 인해'로 바꾸어서 생각해도 괜찮다.

사람들은 대부분 자신의 부정적 자존심을 지키고 싶어 하고, 누군가에게 지기 싫어하는 마음은 누구에게나 있다. 자존심의 부정적인 부분을 한번 면밀히 살펴보자.

지나친 자존심은 자만심이나 우월감으로 이어질 수 있다. 이는 자신을 과대평가하거나 타인을 낮춰 보게 만드는 태도를 낳아 인간관계를 해칠 수 있다. 예를 들면, "내가 항상 옳다."라는 생각으로 타인의 의견을 무시하는 경향이 다분하다.

자존심이 지나치면 자신의 잘못을 인정하지 못하고 고집스럽게 행동할 가능성이 높아진다.

이는 문제 해결과 성장의 기회를 방해한다. 예를 들면, 명백한 실수를 했음에도 "난 잘못한 게 없어!"라고 주장하며 상황을 악화시킨다.

오히려 자존심이 너무 강한 사람은 타인의 말이나 행동에 쉽게 상처를 받을 수 있다. 작은 비판이나 조언조차도 자신을 무시하거나 모욕하는 것으로 받아들일 수 있다. 예를 들면, "왜 나를 인정하지 않지?"라는 생각에 과도하게 민감해진다.

자존심이 너무 강하면 타인과의 협력이나 화해를 어렵게 만든다. 사과하거나 양보해야 할 때도 자존심 때문에 이를 거부하게 되어 갈등이 심화될 수 있다. 예를 들면, 친구나 가족과의 다툼에서 자존심을 지키기 위해 먼저 사과하지 않는다. 자신의 약점이나 실수를 인정하지 않으려는 태도는 성장과 발전을 가로막는다. 자존심이 너무 강하면 자신의 문제를 직면하지 않고 회피하거나 합리화하게 된다. 예를 들면, "나는 충분히 잘하고 있다."라고 주장하며 피드백을 무시한다.

과도한 자존심은 타인에게 자신이 완벽하다는 인상을 주려고 하며, 이로 인해 인간관계에서 친밀감이 줄어들 수 있다. 타인과의 감정적 교류가 어려워지고, 결과적으로 고립감을 느낄 수 있다. 예를 들면, "약한 모습을 보이면 안 된다."며 어려움을 감추고 도움을 거부한다.

자신의 자존심을 지키기 위해 타인과 경쟁하거나 비교에 집착할 수 있다. 이는 스트레스와 불안을 유발하며, 타인과의 관계에 긴장을 초래한다. 예를 들면, "내가 더 잘해야 한다."는 강박관념으로 인해 스스로를 몰아붙인다.

자존심은 인간의 존엄성과 자존감을 지키는 데 중요한 역할을 하지만, 지나치거나 잘못된 방식으로 표현되면 문제를 초래한다. 자존심의 부정적인 측면을 줄이기 위해서는 자신의 감정을 객관적으로 바라보고, 유연하고 열린 마음을 유지하며, 자기 성장을 통해 균형을 맞추는 것이 중요하다.

나에게도 이로울 부분이 없다면 당연히 남에게도 이로울 부분이 없다. 자신에게 합리화를 시킬 뿐이다. 앞에서 언급했듯이 부정적

합리화는 사람을 포기하게 만드는 가장 좋은 마음이다.

나도 자존심이라면 둘째라고 해도 서러울 정도로 자존심이 강하다. 하지만 성공을 향한 법칙, 그리고 신념, 믿음을 제외하고는 최대한 자존심을 내세우지 않기 위해 노력하고 있다.

자존심을 내세우려 들면 주변 사람들이 떠나가고, 자기 스스로 더욱더 교만심이 높아져 세상 사는데 힘들어지는 결과가 온다. 자존심을 버리고 신념을 가져라. 마음 깊숙이 자기만의 신념을 지키고 있으라는 말이다. 올바른 신념만이 나를 올바로 살아가게 만드는 원동력이다.

"자존심은 어리석은 자가 가지고 다니는 물건이다."

- 헤라 도토스

부자는 '내 인생은 내가 만든다.'고 믿는다.
가난한 사람은 '인생은 우연이 만든다.'고 믿는다.

하브 에커의 《백만장자 시크릿》에서 참고하면, 가난한 사람들은 대부분 특징이 3가지가 있다. 그중 첫 번째는 '비난하는 것에' 능숙하다는 것이다. 가난한 사람들은 경제를 탓한다, 정부를 탓한다,

주식시장을 탓한다. 증권사 직원을 탓한다. 정부를 탓한다. 상사를 탓한다. 경영진을 탓한다. 상층과 하층을 탓한다. 고객 지원 센터를 탓한다. 배송 부서를 탓한다. 동업자를 탓한다. 배우자를 원망한다, 신을 원망한다. 그리고 당연히 그들의 부모를 원망한다. 비난과 원망의 대상은 언제나 다른 사람이거나 다른 무엇이다. 그들을 제외한 모든 상황과 모든 사람에게 문제가 있다.

비난하고 있는 당신의 모습을 들여다보라. 어떤가? 좋은가? 나쁜가? 비난한다고 해서 지금 상황이 바뀌어 돌아가던가?

예를 들어, 부자들을 비난하고, 정부를 비난하고, 상사를 비난하다가 당신이 그 자리에 올라가게 되었다면, 자기 자신에게 비난할 수 있는가? "내가 비난했던 위치에 있네. 나도 비난받아 마땅해!"라고 생각할 수 있겠는가? 절대 없다. 그때는 또 자기 스스로 합리화를 해버린다. 비난했던 그 자리가 당신 것이 될 수도 있다. 비난했던 그 자리에 올라가게 되면 비난했던 비난이 당신에게 다시 돌아온다.

두 번째는 '합리화'이다.

가난한 사람들은 비난하지 않을 때에는 자기 상황을 합리화하거나 정당화한다.

"돈은 중요한 게 아니야."

이런 식으로 말이다.

여기서 하나 물어보자. 남편이나 아내에게, 남자친구에게나 여자친구에게, 동업자나 친구에게 "넌 중요하지 않다."고 말하면 당신 곁에 누가 가장 오래 남아 있을까? 아마도 남을 사람이 하나도 없을 것이다. 그렇다면 "돈은 중요한 게 아니야!"라고 생각하는 당신에게 돈이 곁에 오려고 하겠는가 말이다.

부자들은 돈을 절대 하찮게 생각하지 않는다. 돈이 최선은 아니지만 도구로써 아주 소중하게 여기고 있고, 반드시 필요하다. 그리고 성공의 구성요소 중 '자유'는 돈이 없으면 절대로 가질 수 없다. 당신이 부자의 생각을 하지 않는 한, 돈을 중요하게 여기지 않는 한, 당신에게 돈은 오지 않는다. 당신이 중요하게 생각하지 않기 때문에 돈 또한 당신을 중요하게 생각하지 않는다.

세 번째는 '불평'이다.

자기계발 분야의 지도자들은 유인력의 원칙을 이야기한다. 비슷한 것끼리는 잡아당기게 되어 있다. 당신이 불평을 하면 자기 인생에 '쓰레기'들을 끌어들이고 있다는 뜻이다. 불평 많은 사람들의 인생은 고달프다. 잘못될 가능성이 있는 일은 뭐든지 잘못되는 것 같다.

여기에 또 하나 핵심이 있다. 불평 많은 사람들 근처에는 절대 가지 말아야 한다는 것이다. 어쩔 수 없이 옆에 있어야 한다면 강철 보호막을 펼쳐두어라. 자칫하면 그들에게 갈 쓰레기가 당신에게 튈 수도 있기 때문이다. 부정적인 에너지에는 전염성이 있다. 따라서 불평 많은 사람들과는 되도록 멀리 떨어지는 게 상책이다. 그런데 간혹 불평을 귀담아 들어주는 사람이 있다. 왜 그럴까? 자기 차례가 돌아오길 기다리고 있는 것이다. "겨우 그 정도예요? 이번엔 내 얘기를 들어보세요!"라고 말이다. 비난하고, 합리화하고, 불평하고 있는 자신을 깨달을 때마다 미래에 부정적인 모습으로 살아가는 최악의 미래를 생각해 봐라. 최대한 빨리 도망치고 싶을 것이다. 성공적인 마인드를 스스로 잘라내고 있다는 사실을 최대한 빠르게 눈치채야 한다. 그리고 최대한 빠르게 그 자리를 벗어나야 한다. 자리를 벗어났다면, 스스로에게 "다행이야 다시 올바른 길로 들어섰다."고 스스로를 칭찬하라. 이런 행동이 결국 파멸을 부르는 습관을 떨쳐내게 해줄 것이다.

당신의 힘을 되찾아라. 지금 당신의 삶에 벌어지고 있는 모든 일과 당신의 삶에 일어나지 않는 모든 일은 당신이 만들었음을 인정하

자. 부유함도, 빈곤함도, 그 사이에 있는 여타 경제적인 수준도 당신이 만드는 것이다. 비난과 불평을 해서 당신에게 도움이 되는 것은 건강이나 마음가짐에 티끌만큼도 없다. 그렇다면 당신은 비난과 불평을 해야 할 합리적인 이유가 있겠는가? 없다면 축복하고 인정하지 못할지라도 비난과 불평을 하지 않는 것이 정답이다. 비난과 불평을 하는 사람은 "난 열등감이 있어. 당신보다 못한 사람이야."라고 자신을 깎아내리고 있는 것이다.

한 학생이 있다. 그 학생은 공부를 못해서 일류대학에 들어가지 못했다. 심지어 전문대까지도 못 들어간 학생이 있다고 가정하자. 사람들에게 "저 학생은 왜 대학에 들어가지 못했나요?"라고 물어본다면 당신은 뭐라고 답하겠는가? 환경적인 측면을 제외하면 어떤 답이 나오겠는가? 당연히 "공부를 안 해서!"라는 답이 나올 것이다. 그렇다면 한 번 더 물어보겠다. "당신은 왜 가난한가요?" 어떻게 답변하겠는가? 자신의 마음속에서 곰곰이 생각해 보고 스스로 답해 보기 바란다.

책은 방법을 알려줄 뿐, 실천은 당신의 몫

책을 읽으면 성공자들이 '이렇게 하면 성공한다, 적으면 성공한다, 말하면 성공한다, 긍정적인 생각을 해라, 아침형 인간이 되어라.'라고 하는 부분을 따라 해본 적이 있었는가? 개인적인 성향에 따라 조금 다를 수도 있지만, 나는 공통적으로 제시하는 방법을 매일 따라 한다. 책을 읽는 중간에도 '지금 적어보라, 해보라!' 하는 것들은 무조건 따라 하고 다시 책을 읽는다. 아침에 일찍 일어나라고 해서 지금도 아침 6시만 되면 기상해서 운동을 하고 명상을 한다. 그리고 출근하는 길에는 나의 목표 15가지(계속 늘어가는 중)와 나의 의지를 말로 내뱉으면서 하루를 시작한다.
이대로 해서 소용이 없었던가? 현재 내부적인 것들에 변화가 없었던가? 뿌리가 바뀌어야 열매가 바뀐다. 자신은 변하고 있다. 확실하게 눈에 보이지 않는다고 해서 변화가 없는 것이 아니다. 가만히 자기를 들여다보면 많은 변화가 있음을 느낄 것이다.

나 또한 이렇게 매일 목표를 적고, 틈만 나면 시각화하고, 외치고,

책을 읽고, 성공으로 달려가는 마인드에 관한 오디오를 일을 하는 내내 듣곤 한다. 하지만 현실적으로 보이는 물리적 반응은 빨리 나타나지 않는다. 책을 쓰고 있다는 정도만, 그리고 자연적으로 책을 쓸 수 있는 시간이 나에게 주어진 정도만 물리적으로 표현된다. 확실한 것은 이러한 성공으로 가는 행동들을 꾸준히 실행하면서 가장 크게 느끼는 것은 "나 되겠다."라는 명확한 감정이다. 그리고 마인드가 부족했던 시절처럼, 어떤 상황에서 내뱉고 반성하는 것이 아니라 순간 긍정적으로 검토한 후 말하고 행동하려 노력하고 있다는 점이다.

책을 읽어도 도움이 되지 않는다고 말하는 사람은 단 한 번도 책에 나오는 방법대로 살아보지 못하거나, 고작 며칠, 몇 달만 실천해 본 사람이다. 하지만 그런 사람들이 대체적으로 남들에게 조언을 많이 한다. "책에 나오는 방법, 성공자들이 말하는 방법은 잘 안된다!"

미안하지만 이런 사람은 남들에게 조언할 자격이 없다고 강력하게 말하겠다. 자신은 해보지도 못하고, 하지도 않으면서 남에게는 이러쿵저러쿵 조언하는 것은 틀렸다는 말이다. 자신은 해보지도 않고, 남에게 조언을 하는 것은 거짓말쟁이일 뿐이다.

이런 사람이 있다면 조언을 해 달라고 하지도 말고, 가까이하지도 말라. 부유해지는 데 큰 장애물이 될 수도 있다. 조언을 하려면 책을 읽어보고 실천해 봐도 안 되는 사람만이 "안 된다!"라고 말할 수 있다. 중간에 포기하지만 않는다면, 그리고 성공자의 방법대로 꾸준히 실천하면 안 되는 사람은 단 한 명도 없다. 이것 또한 장담한다.

성공자들의 공통점은 책을 늘 가까이하고 있다는 사실이다. 성공자들은 심지어 화장실에서까지도 책을 읽는다. "시간이 없어서…."라는 핑계는 대지 않는다. 이에 비해 가난한 자들은 "지금 그게 중요한 게 아니야. 먹고 사는 것이 훨씬 바빠."라고 말한다.

나도 마찬가지로, 마인드의 변화가 있기 전, 사는 대로 생각할 때는 '현재 하는 행동이 더 중요해!', '아이들을 돌보고 같이 놀아주는 것이 더 중요해!'라고 합리화하며 살아왔다. 당연히 내 아이들과 함께 시간을 보내는 것은 너무 중요하다. 하지만 지금 내가 생각하고 있는 이 부분은 "일단 성공하자", 그리고 경제적인 자유와 시간적 자유를 최대한 빠르게 성취해서 나의 가족들에게 노력하면 모든 것을 이룰 수 있다는 본보기가 되는 것이 나의 목표다.

책을 읽는다고 반드시 성공할 수 있는 것은 아니지만, 성공자들 중 책을 읽지 않는 성공자는 없다는 것이다. 그래서 우리 가족은 매일 최소 하루 30분 타이머를 걸고 책 읽는 시간을 가진다.

자세히 둘러봐라. 부유하거나 성공한 사람들, 그리고 똑똑하거나 긍정적인 마인드를 가지고 있는 사람들은 책을 틈나는 대로 읽고, 심지어 책을 직접 쓰기도 한다.

어떤 책을 읽는지가 중요하다. 책을 읽는 모든 행위는 대단히 잘하고 있는 것이지만, 내가 성공을 바라는 사람이라면 성공에 관한 책, 내가 바라는 인생을 살고 있는 멘토의 책 등을 읽어야 할 것이다. 전혀 관련 없는 소설을 읽는 것은 독서에 대한 부분은 긍정적이다. 하지만 성공하려는 나에게 별 영향이 없을 수 있다. 단, 소설가가 꿈인 사람은 당연히 읽어야 하겠지만 말이다.

부유해지거나 성공하고 싶다면 책을 읽어라. 세상 누구도 이 말에 반박할 수 없다. 공부를 하지 않고 수능에서 좋은 점수를 바랄 수 있을까? 즉, 성공하고 싶고 부유해지고 싶다면 성공공부를 해야 한다는 뜻이다. 가장 쉬운 방법은 바로 부유해지는 방법이 담긴 책을 읽어야만 성공에 대해서도 알 수 있고, 시작도 할 수 있다. 반박할 수 없다는 말은, 즉 그것이 정답이라는 뜻이다.

학교 성적이 인생의 전부가 아니다

내가 말하는 공부(성적), 즉 지식은 많으면 좋다. 실제로 자신이 생각하고 원하는 것이 과학자, 의사, 검사, 판사 등 흔히 우리가 알고 있는 직업에 종사하는 것이라면, 당연히 공부를 열심히 해야 하고, 또 성적도 좋아야 한다.

확실히 알아야 할 것은, 교육은 필요하다는 사실이다. 그러나 "성적"은 성공에 반드시 필요한 건 아니다.

하버드 입학 사무국은 "우리는 단순히 뛰어난 학생을 찾는 것이 아니라 하버드에서 배우고 졸업 후에도 세계에 의미 있는 변화를 가져올 수 있는 사람을 찾는다."고 강조한다. 이러한 철학은 하버드가 단순히 학업적 우수성을 넘어서 더 큰 사회적, 인류적 가치를 추구하는 교육 기관임을 보여준다.

세계적인 대학들은 단순히 높은 성적과 시험 점수를 가진 학생을 선발하는 것이 아니라 학문적 열정과 함께 세상에 기여할 수 있는 사람을 키우는 데 중점을 둔다. 각 대학의 교육 철학에 맞춘 준비와 성장이 중요하다. 하지만 공부(성적)가 기본이 되는 꿈이 아니라면, 공부(성적)에 집착하지 않아도 된다는 이야기다. 공부(성적)가 전부라고 믿었던 사람은 이미 공부(성적) 안에서 자신의 미래를 정해버리는 마인드를 가지고 있다. 성적으로 미래를 정하게 되면, 좁은 시야를 가질 수밖에 없다.

내 인생의 잣대는 "성적"으로 정해지는 것이 아니다. 내가 해낼지 못할지에 대한 선택도 지극히 나에게 있는 것이다. 이 부분은 학교에서 가르쳐주지 않는다. 자신 스스로가 아닌, 다른 사람의 기준을 자신의 기준처럼 정하고 나서 평생 그 기준에 들어가지 못하면 괴로워질 수밖에 없다.

하지만 반대로 그런 이유나 확률, 논리적인 분석은 신경 쓰지 않고 오로지 꿈을 향에 달려가는 머리 나쁜 사람들이 있다. 마라톤을 해서 환호하는 군중들을 보며 결승점에 들어오는 자신의 모습을 꿈꾼다든지, 세계적인 영화배우가 된다든지, 무일푼에서 비상식적으로 부자가 되는 비정상적인 성공을 거두는 사람을 많이 볼 수 있다. 성공자들은 확률을 무시하는 사람들이며, 주위 사람들은 불가능하다고 생각하는 일을 가능한 일이라고 생각하는 사람들이다.

한편, 대부분의 정상적인 사람들은 착각을 하지 않는다. 아니 착각할 수가 없다. 머리가 좋아서 수많은 교육을 참고로, 또 그것이 멋진 꿈이면 꿈일수록 성공할 가능성이 없다고 생각하기 때문이다.

공부에서 두드러진 성과를 내지 못했지만, 자신만의 열정과 노력으로 큰 성공을 거둔 사람들은 전 세계에 많다. 이들은 자신만의 방식으로 목표를 달성하며 독창성과 실천력을 보여줬다.

아래의 내용은 공부와는 다른 방식으로 성공한 대표적인 몇몇 인물들이다.

소개하기 전에 꼭 말해주고 싶은 부분은, 성공자들은 우리와 다르지도 않고, 오히려 우리보다 더욱더 좋지 않은 환경과 상황을 겪었다는 사실이다.

1. 스티브 잡스(Steve Jobs)

리드 대학을 중퇴했고, 대학 생활에 흥미를 느끼지 못해 중퇴 후 독학으로 기술과 디자인을 배웠다.

직관과 창의력을 기반으로 애플, 아이폰, 아이패드 등 혁신적인 제품을 개발했다.

2. 리처드 브랜슨(Richard Branson)

고등학교 중퇴(학습 장애로 인해 어려움을 겪음). 16세에 첫 사업으로 잡지를 발간하며 사업가의 길을 걷기 시작했고, 이후 버진 레코드, 버진 애틀랜틱 항공 등 다양한 산업에 도전. 위험을 두려워하지 않는 모험적인 사업 방식으로 세계적 성공을 거둠.

3. 오프라 윈프리(Oprah Winfrey)
오프라는 학교에서 학습에 어려움을 겪기도 했다. 그녀는 어린 시절 학업 성적이 우수하지 않았고, 학교에서 다른 아이들과 잘 어울리지 못했다. 그녀의 외모나 가정환경 때문에 동급생들에게 괴롭힘을 당한 경험도 있었다. 그래서 자존감이 낮았고, 학교에서 항상 "그룹에서 떨어진 아이"로 느꼈다고 말한다. 또한 오프라는 어린 시절 학습 장애가 있었다고 고백한 적도 있다. 그녀는 한때 읽기와 쓰기에서 어려움을 겪었으며, 수업 내용에 집중하기 힘들었다.

4. 코코 샤넬(Coco Chanel)
정규 교육은 거의 받지 못하고 고아원에서 자랐다. 어려운 환경에서 독립적으로 패션 디자이너로 성장했고, 기능적이고 세련된 디자인으로 여성 패션에 혁명을 일으켰다.
샤넬 넘버 5 향수와 같은 성공적인 상품으로 세계적인 패션 아이콘이 됨.

5. 헨리 포드(Henry Ford)

헨리 포드는 학교에서 성적이 좋지 않았고, 특히 수학과 언어에서 어려움을 겪었다. 그는 정규 교육을 통해 많은 것을 배우지 못했지만, 그 대신 실제로 기계 작업을 배우며 실용적인 기술을 익혔다. 그는 포드 자동차 회사를 창립하고, 대량 생산 방식을 도입하여 자동차 산업에 혁신을 일으켰다. "모두를 위한 자동차"라는 비전을 가지고, 그는 세계적인 기업가로 성공했다.

6. 톰 크루즈(Tom Cruise)

톰 크루즈는 어린 시절 학습 장애를 겪었다. 학교 성적이 좋지 않았고, 친구들과의 관계에서도 어려움을 겪었다. 그는 영화 산업에 뛰어들어 세계적인 스타가 되었으며, 수많은 히트작을 남긴 배우이자 프로듀서로서 큰 성공을 거두었다. 그의 연기력과 카리스마는 학업과는 관계없이 그를 할리우드의 대표적인 배우로 만들었다.

7. 정주영(현대그룹 창립자)

널리 알려진 바로 초등학교만 졸업하였다. 학력이 낮았지만 열정과 성실함으로 목수 일부터 시작해 현대그룹을 창립. 끊임없는 도전과 성과로 한국 경제를 이끄는 인물이 됨.

"이봐, 해봤어?"라는 철학으로 불가능을 가능으로 바꿈.

정상적인 사람들의 생각에는 무의식적으로 눈에 보이지 않는 현실은 현실이 아니라는 생각이 숨어 있다. 무서운 것은 그것이 무의식적으로 이루어진다는 것이다. 꿈을 가지고 싶어도, 미래를 긍정적으로 생각하고 싶어도 무의식적으로 자신의 성적과 지식수준으로 자신의 한계를 적용해 버린다.
인간에게는 한계가 없다. 한계는 내가 정하는 것이다.

절대로 스스로 또는 자녀가 공부를 못하거나 지식이 부족하다고 생각하지 말고 사회의 기준에 기죽을 필요는 없다. 아이러니하게도 진정한 성공자들은 생각이 명확해서 성공했다는 것을 우리는 쉽게 알 수 있다.
우리는 모두 "천재"다. 성적이 좋은 사람만을 천재라고 하는 것은 무지이다. 성적이 좋다는 것은 한 분야에서 뛰어난 것일 뿐, 모든 사람들에게는 자신만의 장점이 존재한다. 그 장점이 나의 천재성을 발현시켜 줄 수 있다. 상식적이고 논리적인 사람들의 대부분은 꿈이 있다고 해도 진심으로 확신할 수 없다. 그렇기에 99%에 속하는 것이다. 확신할 수 없다는 건 믿음이 없기 때문이다. 간혹 생각대로, 아니 꿈대로 되었다고 할지라도 그것을 인식하지 못한다. 우연이라고 생각하는 것이 대부분이다.

꿈이라는 것의 중요성은 꿈이 없기 때문에 열심히 할 의미를 느끼지 못하고, 꿈이 없기 때문에 끈기가 없고, 꿈이 없기 때문에 즐겁지 못한 것이다.

작은 행동이 우연(행운)을 불러온다

우연 또는 행운은 흔히 예상하지 못한 상황이나 결과를 의미한다. 그러나 우연은 단순히 기다린다고 생기는 것이 아니라 행동을 통해서 나타난다.

행동은 새로운 환경, 사람, 기회를 만날 가능성을 넓혀준다. 예를 들어, 여행을 떠난 사람이 우연히 평생의 친구를 만나거나, 새로운 직업의 기회를 얻는 경우는 여행이라는 행동이 없었다면 일어나지 않는다. 무언가를 시도하면 그만큼 예측 불가능한 결과가 발생할 확률이 증가하는데, 긍정적인 상황이 생길 수도 있고, 부정적인 상황이 생길 수도 있다. 하지만 아무런 행동도 하지 않는다면, 숨만 쉬고 있는 마네킹이나 다름이 없다. 행동은 우연히 발생할 수 있는 사건들을 연결지어 준다. 예를 들어 네트워킹 이벤트, 세미나, 강의 등 모든 참석할 만한 자리에 참여했을 때, 우연히 만난 사람이 나중에 중요한 사업 파트너가 될 수도 있고, 인생의 멘토가 될 수도 있다. 이러한 연결은 행동하지 않으면 아예 시작될 가능성이 없다. 행동은 결과를 만들어내는 실질적인 조건이다. 예를 들어, 글을 쓰기 시작하면 예상하지 못한 아이디어가 떠오르거나, 누군가가 그 글을 읽고 기회를 제안할 수 있다. 움직이지 않으면 가능성은 0에 머물러 있다.

프랑스의 유명한 생화학자 루이 파스퇴르는 다음과 같은 말을 남겼다.

"운은 준비된 사람에게만 찾아온다."

단순히 "기다리기"만 한다면 우연의 기회가 와도 이를 잡을 준비가 되지 않았기 때문에, 그 기회는 사라져 버리고 행동하고 있는 다른 사람에게 넘어가 버릴지도 모른다. 행동은 준비된 상태에서 더 많은 기회를 발견하고 성공으로 가는 가장 빠른 첫걸음이다. 평범해 보이는 행동이 나비효과처럼 큰 우연을 만들기도 한다. 작은 습관이나 시도는 인생을 바꿀 중요한 만남이나 기회를 가져올 수 있다 아무것도 하지 않으면 새로운 만남, 경험, 아이디어, 기회가 만들어 질 환경 자체가 조성되지 않는다. 단순히 우연을 기대하며 가만히 있는 것은 가능성의 문을 닫는 것과 같다.

"기회는 행동하는 사람만 알아차린다."

우연은 단순히 하늘에서 떨어지는 것이 아니라 행동이라는 씨앗을 심었을 때만 발생한다.

행동하지 않으면 우연도 일어나지 않는다. 작은 행동이라도 시작하면, 그것이 당신을 예측하지 못한 기회로 이끌 수 있다. 따라서 "작은 행동이 우연을 만들어내는 토양이다."라는 것을 기억해야 한다.

제5장

마인드 훈련법

우리의 잠재의식은 부정적인 언어에 익숙하다

우리의 잠재의식은 의식적으로 인지하지 못하는 사이에 다양한 부정적인 언어와 사고를 담고 있을 수 있다. 이는 과거의 경험, 환경, 사회적 조건, 그리고 자신에 대한 부정적인 믿음에서 비롯된다. 아래는 잠재의식이 자주 가지고 있을 수 있는 부정적인 언어와 그 예들이다.

1. 자기비하적 언어

"나는 할 수 없어."

(나는 할 수 있다.)

"나는 부족해."

(나는 항상 넘쳐흐른다.)

"내가 항상 문제야."

(내가 바꿀 수 있다.)

"난 언제나 실패할 거야."

(난 언제나 성공한다.)

2. 부정적인 자기 이미지

"난 매력적이지 않아."

(난 매력적이다.)

"내가 다른 사람들보다 못해."

(나는 다른 사람들보다 잘하는 것은 따로 있다.)

"내 모습은 남들에게 우스워 보일 거야."

(남들에게 보이는 나의 모습은 그리 중요하지 않다.)

3. 두려움과 회피

"이건 너무 어렵다."

(이건 너무 쉽다.)

"실패하면 어쩌지?"

(성공하면 멋지겠다.)

"새로운 시도를 하는 건 위험해."

(새로운 시도를 하는 건 대단해.)

"나 같은 사람이 그런 걸 할 수 있을까?"

(나 같은 사람도 할 수 있다.)

4. 비교와 열등감

"저 사람은 나보다 훨씬 나아."

(내가 앞지를 수 있어.)

"난 절대 그들만큼 성공할 수 없어."

(성공은 누구나가 다 할 수 있어.)

"내가 가진 건 아무것도 아니야."

(내가 가진 것은 대단해.)

5. 미래에 대한 비관

"아무리 노력해도 소용없어."

(노력의 결실이 점점 다가오는 중이다.)

"앞으로도 더 나아지지 않을 거야."

(앞으로도 더 나아진다.)

"좋은 일은 나와는 상관없어."

(어떤 일이든 나에게 좋은 일이다.)

6. 타인과의 관계에서 부정적인 생각

"다른 사람들은 날 좋아하지 않아."

(나 스스로를 좋아하면 반드시 타인도 나를 좋아한다.)

"내 의견은 중요하지 않아."

(내 의견은 중요하게 작용한다.)

"사람들은 나를 항상 비판할 거야."

(비판을 나의 원동력으로)

7. 완벽주의로 인한 자기 비난

"조금이라도 실수하면 끝이야."

(실수하면 어때 다시 시작하면 돼.)

"완벽하지 않으면 인정받을 수 없어."

(세상에 완벽한 건 없어, 그냥 해보자.)

"내가 더 잘했어야 했는데."

(이제부터 더 잘하자.)

우리의 뇌는 우리가 반복하는 생각이나 말에 의해서 재조정된다고 뇌 과학에서 밝혀졌다. 우리의 잠재의식을 바꾸려 한다면 반드시 부정적인 언어를 긍정적인 언어로 바꾸려고 노력해야 한다.

내가 이해하지 못한다고 해도 연습해야 한다. 그리고 그 연습이 습관으로 이루어지는 순간, 우리의 잠재의식은 반드시 변하고, 현실도 긍정적으로 변화시킨다.

위의 긍정적인 예는 사람마다 생각하는 사고방식이 다를 수 있다. 단, 긍정적인 방향으로 생각할 때, 주의해야 할 것은 긍정적인 감정을 담고 있을지라도 부정적인 단어와 함께 사용하면 안 된다. 예를 들면, "나는 실패하지 않아!"라고 외친다면, 자신의 감정은 긍정적인 모양새를 이루어 가는 것처럼 보이지만, 실제로는 '실패'라는 단어가 주는 부정적인 의미로 인해서 잠재의식은 '실패'라는 단어에 집중하게 된다. 그러기에 "나는 실패하지 않아!"가 아닌, "나는 성공 할 수 있다."가 바람직하다. 앞서 이야기한 것처럼 긍정적인 언어를 사용하는 것은 사람마다 제각각 이다. 스스로 부정이 들어가지 않는 긍정적인 언어를 사용하기 위해 연습하고 반복해야 한다.

어린 시절 군것질할 때를 기억해 보면, 사탕이나 불량식품을 먹을 때 어린 나이에 "이걸 먹으면 몸에도 나쁘고 이가 썩는다."라고 생각하면서 먹은 어린아이들이 있을까? 전혀 없다. 어른들이 "사탕 많이 먹으면 이가 썩는다."라고 말하지 않았더라면, 내가 비록 이가 썩었더라도 사탕 때문으로 보지는 않을 것이다. 바로 이런 점이 내 탓이 아닌, 다른 무언가를 탓하게 되는 경우이다.
우리는 그렇게 자라왔다. 모든 사람들이 그렇다는 것은 아니지만, 대부분이 부정적인 언어를 훨씬 많이 듣고 자란 것이다. 아이들이

어릴 때 '할 수 있어!'보다는 '불가능'이라는 말들을 부모나 선생님 또는 어른들에게 두서너 배 더 듣고 자랐다. 그렇게 자란 아이들은 도덕과 예의에 관한 내용을 제외하고 부정적인 언어들을 듣고 자랐기에, 스스로의 기준이 아닌, 부모님이나 타인이 이야기해 준 기준이 옳다고 생각하면서 살아간다.

자신 스스로가 세상의 나쁜 일들에 대해 관심을 가지면 가질수록 더 많은 나쁜 일들과 두려움이 생겨난다. 독자들께서 어떻게 생각하실지는 모르는 부분이지만, 나는 뉴스나 신문을 거의 보지 않는다. 볼 수밖에 없는 상황이 되거나, 어떤 사회적인 큰 이슈가 생기면, 휴대폰에 나오는 한 줄 기사를 보고 넘어가면서 간단하게 참고한다. 왜냐하면 뉴스나 신문에는 긍정적인 일보다 부정적인 일들이 90% 이상 보도가 되고 있기 때문이다. 이런 부정적인 일들을 보고 사전에 준비하여 이런 일들이 일어나지 않도록 방비해야 하는 것을 말해준다고는 알고 있지만, 일어나지 않은 일에 대해서 미리 걱정하고 생각해서 '나에게도 저런 일이 생겨날 수 있겠어!'라고 지금 나의 기분을 망치는 것을 너무 싫어하기 때문이다.

사람은 어떠한 일이 자신에게 생기면 그것을 처리하고 견뎌낼 수 있는 능력이 충분히 있다. TV나 뉴스에서도 아주 긍정적이거나 누관적인 부분만 보도록 노력해야 한다. 당신의 꿈과 목표에 부합하는 내용들 말이다. 지금은 당신이 제일 중요하다. 남들의 사건과 사고에 관심을 쓸 겨를이 없다. 지금 당신은 오직 자기 자신에게 집중해야 한다. 단, 경제나 주식, 투자 같은 분야에 종사하는 분들이라면 꼭 필요하겠지만, 아니라면 나의 부정적 에너지를 상승시키는 것을 최대한 제외하고, 즐겁고 긍정적인 부분만 보는 것이 더 좋은 방법일 것이다.

부정적인 생각은 긍정적인 생각보다 훨씬 하기 쉽다는 점이다. 하기 쉽다는 것은 아주 보편적인 것일 뿐이고, 하기 어려운 것은 특별한 것이다. 그만큼 어려운 것은 보상도 크다는 것을 기억해야 한다. 만약에 하루하루가 긍정적인 기분이라면, 당신에게 어떤 일이 벌어질지 생각해 봐야 한다. 기분 좋은 날에는 누군가가 어떤 장난을 쳐도 받아들일 수 있는 마음이 될 것이고, 평소에는 아무렇지 않게 흘려버렸던 사물이나 장소도 즐겁고 행복하게 볼 수 있다는 것이다.
그래서 우리는 더욱더 부정보다는 긍정적인 부분을 보려고 노력해야 한다.
긍정으로 우리의 잠재의식을 채워나가야 한다.

우리의 뇌는 긍정과 부정을 구별하지 못한다

만약에 대기 중 공기가 1시간만 사라진다고 가정해 보자.

만약에 공기가 1시간이 아닌 10분이라도 없다면, 내 몸이 정말 완벽하게 건강하고, 돈이 많고, 착하고, 봉사를 많이 했고, 많은 이에게 존경받고 있는 사람일지라도, 반대로 정말 세상에서 제일 나쁜 사람일지라도 모두 동일하게 숨을 멈추게 된다. 이 말은 자연, 즉 공기는 착한 사람이든 나쁜 사람이든 가리지 않는다는 것이다.

하지만 자연과 우주가 인간을 바라보는 시각과 뇌가 바라보는 시각은 우리가 어떤 사람인지 중요하지 않다. 현재 내가 생각하는 것만 중요할 뿐이다.

긍정과 부정을 구분하지 못하는 내용을 쉽게 설명할 수 있는 부분은 바로 자기충족적 예언이다. 자기충족적(Self-fulfilling)이란 어떤 생각이나 기대가 실제로 행동이나 결과에 영향을 미쳐 그 기대가 현실이 되는 것을 의미한다.

긍정적 자기충족 : "나는 성공한다!"라는 믿음이 동기를 부여해 열

심히 노력하게 되고, 결국 성공으로 이어짐.

부정적 자기충족 : "나는 분명 실패할 거야."라고 생각하면 자신감이 떨어지고 노력을 덜 하게 되어 실제로 실패하게 됨.

이 현상은 스스로 만든 예언이 현실이 되는 과정을 보여준다.

특정 결과에 대해 강하게 믿거나 예상하면, 그 믿음이 행동과 태도에 영향을 미쳐 실제로 그 결과가 발생하게 되는 현상이다. 부정적인 상상 → 실패나 부정적인 결과를 예상.

예상에 맞게 행동(자신감 결여, 회피 등)을 하면서 내가 생각했던 것처럼 부정적인 결과로 이어진다.

시험을 망칠 거라고 믿으면, 긴장하거나 집중하지 못해 실제로 시험 결과가 나빠질 가능성이 높아지고, 새로운 관계가 실패할 거라고 믿으면, 상대에게 방어적이거나 소극적으로 행동해 관계가 틀어질 가능성이 커진다.

플라시보 효과의 반대 의미를 가지고 있는 노시보 효과는 부정적인 기대나 믿음이 실제로 신체적인 증상이나 결과를 초래하는 현상이고, 자신이 병에 걸릴 거라고 생각하거나 특정 증상이 나타날 것이라고 상상하면 실제로 신체가 이를 반응한다. 약물이 효과가 없을 거라고 믿는다면, 실제로 약효가 감소하거나 부작용이 더 강하게 나타날 수 있다. "몸이 아플 것 같다."고 계속 생각하면 실제로 면역력이 떨어지고 피로감을 느낀다.

스트레스와 부정적인 사고는 당연히 밀접한 관계를 가지고 있다. 부정적인 상상은 심리적 스트레스를 증가시켜 신체 건강과 정신 건강에 악영향을 미친다. 부정적인 상상을 하면 스트레스 호르몬(코르티솔)이 과도하게 분비되고 면역 체계 약화, 소화 불량, 수면 장애 등 신체적 문제가 나타난다. 계속해서 "나는 충분하지 않다."라는 생각을 하면 우울감과 불안감이 심화되는 현상이 생긴다.

부정적인 상상의 구체적인 영향을 보면, 제일 첫 번째로 정신 건강에 미치는 영향을 볼 수 있는데, 불안과 우울증은 부정적인 상상이 불안과 우울을 강화시키고, "이 일이 잘못될 거야!"라는 생각이 반복되면 현실에서도 자신감을 잃고 우울감이 증가한다. 그리고 당연히 자존감 저하로 이어진다.

부정적인 상상은 자신의 능력과 가치를 과소평가하게 만든다. "나는 실패할 거야!"라는 생각이 행동의 범위를 축소시키고 포기하게 만든다.

부정적인 생각이 신체 건강에 미치는 영향은 면역력을 약화시킨다. 부정적인 생각은 스트레스 호르몬의 과잉 분비를 촉진, 면역 치계를 약화시킴으로써 만성 질환의 악화라는 결과를 초래한다. 심혈관 질환, 고혈압, 당뇨병 등 스트레스에 민감한 질환이 악화될 가능성이 아주 높아진다. 노시보 효과, 즉 부정적인 생각이 가장 무서운 것은 내가 현재 아프지 않은 몸 상태를 지녔음에도 불구하고 상상만으로도 두통, 소화불량, 피로감 등 다양한 신체 증상이 나타나기 때문이다.

부정적인 생각이 대인관계에 미치는 영향이 아주 크다. 대인관계에 소극적인 행동으로 발현한다.
부정적인 상상은 사람들과의 관계에서 방어적이거나 소극적인 태도를 취하게 만들고, "저 사람은 나를 싫어할 거야!"라고 상상하면, 실제로 친밀한 관계를 맺지 못하고 스스로 방어막을 펼친다.
그리고 부정적인 생각을 하면 대인관계에서 가장 큰 문제인 갈등을 유발시키는데, 이것은 부부관계, 가족, 친구 등 많은 부분이 포함된다. 부정적인 상상은 상대방의 의도를 오해하게 만들어 불필요한 갈등을 만들고 인간관계를 더욱더 악화시킬 수 있다. 그렇다면 부정적인 상상과 신경과학, 즉 과학적으로 밝혀진 부분을 알아보면, 부정적인 상상은 뇌의 편도체를 과도하게 자극해 두려움과 불안을 유발시킨다고 한다. 반복적인 부정적 상상은 특정 신경 회로를 강화해, 이후에도 비슷한 상황에서 쉽게 부정적인 반응을 나타낸다. 즉, 신경가소성의 원리로 뇌구조가 부정적인 뇌 회로를 만든다.

그렇다면 우리가 쉽게 하는 부정적인 상상을 극복할 수 있는 방법을 설명하면, 부정적인 사고 패턴을 인식하고 이를 긍정적이거나 현실적인 사고로 대체해야 한다. 즉, 자신 스스로가 부정적인 생각을 하고 있다는 것을 눈치채야 한다는 것이다. "내가 망칠 거야!"라는 생각을 "나는 할 수 있는 만큼 최선을 다하겠다."라는 생각으로 바꾸기 위해서는 반복하고 또 반복하고 꾸준히 노력해야 한다.
부정적인 상상 대신, 목표를 이루고 성공하는 장면을 구체적으로 상상해야 한다. 성공하는 장면을 구체적으로 상상하게 되면, 현재 내가 겪고 있는 '부정'은 부정이 아니라 나의 목표에 꼭 필요한 부분이 될 수 있고, 나를 훈련하는 상황으로 인지할 수 있다.

부정적인 상상이 떠오를 때, 스스로에게 묻고 현실적인 근거를 확인해야 하고, 현재 내가 겪고 있는 '부정'이 내 미래를 좌우할 수 있는 것인가에 대해서도 생각해야 한다. 그렇지 않다면, 또는 일어날 확률이 적다면, 부정적인 생각에 나의 에너지를 소비하는 것은 너무 아깝다.

대부분의 부정적인 상황을 파고 또 파면 생각보다 사소한 것일 가능성이 많다.

부정적인 상상은 행동과 신체, 그리고 현실에 직접적인 영향을 미친다. 하지만 이는 인지와 행동의 조정을 통해 충분히 극복 가능하며, 긍정적 상상과 실천으로 전환할 때, 오히려 성공과 건강을 모두 다 가질 수 있다. 생각이 현실이 된다면, 긍정적으로 상상하는 것이 결국 더 나은 결과를 가져온다.

우리의 뇌는 우리가 바라보는 긍정과 부정에는 관심이 없다. 뇌가 관심을 보이는 부분은 "당신이 생각하는 것"뿐이다. 사람들이 쉽다고 하는 "생각"을 조심해야 한다. 무조건 그대로 이루어지기 때문이다. 어떤 일이 있어도 부정적인 언어, 나를 또는 다른 사람을 파괴하는 것에 대한 생각은 절대 하지 말라고 말해주고 싶다.

> "생각은 긍정과 부정을 구분하지 않는다. 나의 미래를 위해서 나의 생각에 긍정으로 채우려 노력해야 한다."

나쁜 생각을 하여 나쁜 상황을 만들 것인가?

좋은 생각을 하여 좋은 상황을 만들 것인가?

좋은 생각을 해서 좋은 생각을 만드는 것이 나의 인생에 무조건 도움이 된다. 좋은 생각을 하면 좋은 상황이 생기고, 모든 것들이 좋아 보이며, 나에게 기회가 온다. 나쁜 생각을 하면 나쁜 상황이 생기고, 모든 것들이 나빠 보이며, 나에게 기회가 도망간다. 이것이 법칙이며 진리이다.

부정 속에서 긍정을 찾는 연습

사람들이 더러 많이 하는 이야기가 있다. 나 또한 이렇게 생각한 적이 있다. "불필요하게 국민들의 세금으로 우리가 가는 도로를 또 포장하고 있네. 괜찮았었는데."라는 말이다. 많이 들어보았고, 많이 봐왔을 것이다. 나도 그렇게 생각했었다. 하지만 긍정적으로 잘 생각해 보면, 그 덕에 깨끗하고 위험하지 않은 도로를 항상 이용하고 있다는 것을 인지할 필요가 있다. 부패한 정치가 옳다는 것이 아니다. 그 또한 이유가 있고 긍정적인 부분을 찾는다면, 우리 생활에 보탬이 되는 것도 있다는 이야기이다.

수많은 상황 중 긍정적인 부분이 한 가지뿐이라고 해서 낙담만 하지 말라는 뜻이다. 그 한 가지만이라도 찾아내려고 하는 당신은 성공한 사람이다. 부부관계에서 부정을 넘어 긍정을 찾으려는 태도는 관계를 더 건강하고 행복하게 만드는 중요한 습관이다. 가장 중요한 것은 성격 차이를 이해하는 것이라고 생각하는데, 부부간에 이러한 상황이 있을 수 있다. 한쪽은 계획적이고 체계적인 데 비해 다른 한쪽은 즉흥적이고 자유로운 성격을 가지고 있다면, 성격 차이로 인해 의견 충돌이 자주 발생할 게 뻔하다.

계획적인 배우자는 자유로운 배우자에게 조직적인 도움을 줄 수 있고, 즉흥적인 배우자는 상대에게 유연함과 즐거움을 선사할 수 있을지도 모른다. 서로의 차이를 존중하면 균형 잡힌 삶을 함께 만들어 갈 수 있을 것이고, 좀 더 체계적이면서 흥미를 유발시킬 수 있는 부부관계가 형성될 수 있다.

그리고 돈, 자녀 교육, 집안일 같은 문제로 대부분의 가정에서 자주 다툼이 생길 것이다. 서로 계속 의견에 대한 일치가 이루어지지는 않는다면, 대화가 갈등으로 끝나며 감정의 골이 깊어져 버린다. 갈등이 발생하는 이유는 서로의 가치나 우선순위가 다르기 때문임을 깨달아야 한다. 이 과정에서 각자 중요하게 여기는 것과 상대의 생각을 더 깊이 이해할 수 있는 기회로 삼아야 한다. 이 부분에서 문제가 해결되면 관계가 이전보다 더 돈독해질 수 있다. 우리는 배우자에게서 부정적인 부분만을 찾는 것을 줄이고 긍정적인 부분을 찾으려 해야 하는데, 부부관계가 좋지 않은 부부는 바쁜 일상 속에서 배우자가 잘못한 일만 눈에 들어온다. 배우자의 노력이나 장점을 당연하게 여기고 불만만 커질 뿐인데, 이건 아주 위험한 행동이다. 노력이나 장점을 무시한다면, 어떠한 행동도 하지 않을 거라는 마음가짐을 가진다면 그 부부관계는 결과가 뻔하다. 하지만 배우자의 작지만 소중한 행동들을 의식적으로 찾아보려고 노력해야 한다. 예를 들어, 아침에 커피를 준비해 준다거나, 피곤한 날 집안일을 대신해 주는 작은 배려를 기억하며 감사의 말을 전하는 방법이 작지만 아주 도움이 될 것이다. 이런 감사가 쌓이면 관계가 더욱 따뜻해진다.

아마 부부관계나 연인들 사이에 빈번한 약속 시간에 자주 늦는 행동을 볼 수 있는데, 이것 또한 긍정적인 부분을 찾아서 생각할 수 있다. 어쩌다 한 번씩 약속 시간을 어기는 것이라면 문제가 없겠지만, 매번 약속 시간을 지키지 않는 모습에 짜증을 내고 마음에서 이미 '또 늦어!'라는 생각이 제일 먼저 드는데, 이 작고 작은 부정이 차츰 늘어 가면 다른 부분에도 엄청난 영향을 주게 된다.
시간관념이 부족한 것이 아닌, "완벽하게 준비하려는 성향"이 그 이유일 수도 있음을 생각해 봐야 한다. 상대가 지각하지 않도록 도울 방법을 함께 생각해 보자.
약속 시간을 지키지 않는 행동은 도움 될 것이 한 가지도 없다. 특히 자신의 일터, 학교, 친구와의 만남 등에 불편함이 있겠지만, 가장 심각하게 생각해야 할 부분은 바로 자녀들이 있는 부모라면 "자녀"들에게 악영향을 끼칠 수 있다. 아주 빈번하게 약속시간을 지키지 않는 부모를 보면, 아이들의 잠재의식에 영향을 줄 것이다. "시간 약속 어겨도 별일 아니야!"라는 것이 잠재의식에 스며들면, 그 자녀들 또한 자라면서 시간을 어길 확률이 높아진다.

모든 관계에서 단점이 아닌 장점을 찾으려면, 서로를 비난하기보다 이해하려는 태도와 감사와 존중을 표현하는 습관이 필요하다. 장점에 초점을 맞추는 것은 단순히 긍정적으로 생각하는 것이 아니라 관계를 더 건강하고 사랑스럽게 만드는 능동적인 선택이다.
가장 풀기 어려운 숙제가 결혼한 남성과 여성의 생각의 차이다. 완전히 다른 존재이고 최소 20~30년 각자 다른 인생, 환경, 다른 부모 밑에서 세상을 살아왔다. 평생을 다르게 살아왔는데, 갑자기 누군가와 평생을 함께 산다고 했을 때, 다툼이 없이 살고 의견충돌이 생기지 않는다는 것은 상당히 힘든 부분이다.
분명히 결혼을 하게 될 때는 행복한 가정생활을 꿈꾸며 결혼을 할 것이다. 행복하게 살았으면 좋겠다고 생각하지만, 행동으로써 나타나지 않기 때문에 다툼이 생기는 것이다. 행복하기 바라면서 행복하기 위한 노력을 하지 않는 것이다.
자신을 존중해 주기를 크게 바라는 사람은 더 문제가 있다. 자신을 존중해 주기를 바라면서 자신은 배우자를 존중해 주었는지 깊게 생각해 봐야 한다.

나의 진심을 다해서? 그렇다면 다툼이 없지 않겠는가? 자신을 존중해 주었으면 하는 생각이 있다면, 자신도 배우자를 존중해 주어야 한다. 인간관계도 동일하다.

"그래, 살면서 부모와 자식 간에도 의견이 맞지 않는데, 내 배우자랑 다 맞을 수 있겠어? 다툼이 생기면 이해하자. 서로 다른 인격체이기 때문에 내가 먼저 존중하면 나도 존중받을 거야. 뿌리는 대로 거둔다."라는 식으로 긍정적인 자기암시를 해야 한다.

위의 상황이 주는 교훈은 '내가 바뀌면 상대방도 바뀐다.'는 이야기를 담고 있다. '상대방이 바뀌면 내가 바뀌어 줄게!'라는 생각을 한다면 평생 절대로 행복할 수 없다.

다이아몬드도 원석의 값어치는 세공하기 전보다는 가치가 떨어진다. 다이아몬드의 가치는 전문가들이 세공을 하고 아름다운 형태를 지녔을 때, 큰 값어치로 변하게 되는 것이다. 평생을 같이 살아간다면 반드시 의견충돌은 발생한다. 다이아몬드 원석이 더 빛날 수 있게, 그리고 더 행복한 부부가 되기 위한 세공 작업이라고 생각하는 것이 옳다. 의견이 충돌되면 서로를 이해하고, 서로가 스스로에게 아주 작은 원인이라도 찾으려 한다면 더할 나위 없는 부부관계나 연인관계가 지속될 것이다.

내가 웃으면서 배우자나 연인에게 다가간다면 서로 웃으면서 이야기를 하고 있을 것이다. 비록 다툼 뒤라면 시간이 조금 걸릴지라도 웃으면서 대화를 할 수 있을 것이다. 바람만 피우지 않는다는 전제를 두면 말이다.

"결혼에서의 성공이란 단순히 올바른 상대를 찾음을 통해 오는 게 아니라 올바른 상대가 됨으로써 온다."

- 크리스티네 브뤼크너

결과에서 원인을 찾아내는 사고방식

'5Why 기법'은 도요타 자동차에서 개발된 문제 해결 방법으로, "왜?"라는 질문을 반복해 문제의 근본 원인을 파악하는 데 사용된다. 이 기법은 단순히 표면적인 원인에서 멈추지 않고, 문제의 핵심에 도달할 때까지 반복적으로 질문을 이어가는 것이 중요하다.

첫째, 결과를 명확히 정의해야 한다.
무엇이 문제인지, 혹은 어떤 결과가 발생했는지 명확히 내가 알아가는 것이 첫 단계이다. 이때 감정적인 반응보다는 객관적이고 구체적인 언어로 결과를 표현해야 한다. 예를 들어, "프로젝트에서 실패했다."는 형태는 너무 일반적이므로, "프로젝트 기한을 맞추지 못했다."와 같이 구체적으로 정의해야 한다.

둘째, 결과에 영향을 미친 요소들을 찾아본다.
결과가 발생한 과정과 상황을 돌아보며 관련된 모든 요소를 나열

한다. 시간, 장소, 환경, 사람, 도구 등 다양한 관점에서 영향을 미쳤을 가능성이 있는 요인을 포괄적으로 생각한다. 이 단계에서는 "어떤 조건들이 이 결과를 만들었는가?"라는 질문을 나에게 끊임없이 던져야 한다.

셋째, 근본 원인을 찾기 위해 반복적으로 '왜?'라는 질문을 던진다. 결과를 만든 표면적인 원인을 찾았다면, 그것이 왜 발생했는지 다시 질문한다. 이 과정을 반복하다 보면 더 깊고 근본적인 원인에 도달할 수 있다. 예를 들어, "프로젝트 기한을 맞추지 못했다."라는 결과에 대해, "왜 기한을 맞추지 못했는가?"라고 질문하면, "작업 일정이 비현실적이었다."라는 답이 나올 수 있고, 다시 "왜 비현실적이었는가?"라고 묻다 보면 "초기 계획이 부실했다."라는 근본 원인을 발견할 수 있다.

넷째, 데이터와 사실을 활용해 원인을 검증한다.
도출한 원인이 실제로 결과에 영향을 미쳤는지 데이터를 통해 확인한다. 가설로 세운 원인들이 실질적으로 타당한지를 평가하며, 직관적인 판단에 의존하기보다는 증거를 통해 뒷받침한다.

다섯째, 내면의 동기와 행동 패턴을 분석한다.

결과가 자신과 관련된 문제라면, 자신의 감정, 습관, 행동 패턴을 돌아본다. 이는 단순히 외부 요인뿐만 아니라 내적 요인(태도, 신념, 집중력 부족)이 결과에 미친 영향을 이해하는 데 도움을 준다. "나는 왜 이런 결정을 했는가?" 또는 "왜 이런 행동을 했는가?"와 같은 질문을 통해 자신을 성찰한다.

여섯째, 개선 방향과 실천 계획을 수립한다.

분석한 원인을 바탕으로 같은 결과를 반복하지 않기 위한 구체적인 해결책을 찾는다. 해결책은 실행 가능한 행동 계획으로 이어져야 하며, 이를 위해 작은 목표부터 설정하고 실천한다. 예를 들어, "계획 부실"이 원인이었다면, 다음 프로젝트에서는 구체적인 타임라인과 자원 분배 계획을 세우는 방식으로 개선한다.

마지막으로 이 과정을 성장의 기회로 바라본다.

결과를 단순한 실패로 보지 않고, 자신을 더 이해하고 발전시키는 과정으로 여겨야 한다. 배운 점을 스스로 정리하고, 이를 통해 더 나은 결정을 내릴 수 있다는 믿음을 가지는 것이 중요하다.

우리에게 가장 근접한 예시를 알아보면, 바로 "다이어트" 인간의 영원한 숙원 같은 문제이다.

예를 들어, 내가 한 달 동안 다이어트를 시도했으나 체중 감량이 없었다고 생각해 보자. 나는 1개월간 3kg 감량을 목표로 잡았는데, 실제로 체중 변화가 없는 경우. 이때 나온 결과는 다이어트 실패이다. 일단 다이어트 실패라는 결과가 나왔기 때문에 원인을 알아봐야 하는데, 가장 적합한 게 바로 "왜?"라고 묻는 것이다.

 왜? 운동을 꾸준히 하지 못했다.
 왜? 바쁜 일정 때문에 운동 시간을 만들지 못했다.
 왜? 우선순위를 명확히 하지 않았다.
 왜? 체중 감량 목표에 대한 구체적인 계획이 없었다.

왜 체중 감량이 실패라는 결과를 만들었는지 스스로 알게 되는데, 거의 대부분의 사람들의 실패 원인은 잘못된 습관에 있다. 대표적인 습관으로는 밤늦게 간식 먹기, 규칙적인 운동 부족, 폭식이 있다. 특히 밤늦게 간식 먹기 또는 식사하기는 어린 자녀를 두고 있는 가족이라면 대부분이 경험했을 것이다. 우리 부부도 첫 아이가 태어나고 거의 2년 동안 아이를 재운 뒤인 밤 10시나 11시쯤 항상 저녁

식사를 했었는데, 거의 대부분이 배달음식과 마트에서 파는 포장음식이었다.

일단 늦은 시간에 먹는 행위는 제일 먼저 "건강"에 악영향을 끼치고, 다이어트는 상상도 할 수 없었다. 당연히 운동도 하지 않았다. 결과는 소화불량, 체중 증량이라는 것을 동반했지만, 원인을 돌이켜 보면 그때는 우리 부부도 처음 아빠, 엄마였기 때문에 조금은 시끄러워도, 그리고 올바른 시간에 저녁식사를 해야 건강을 해치지 않는다는 것을 모르고 지냈다.

그리고 "식단 조절로 인한 스트레스를 참기 어려웠다."고 고백하는 사람이 많은데, 나 또한 그렇다. 금식과 내가 알고 있는 효소로 비우기 등 음식을 한동안 먹지 않으면 하루하루 먹는 즐거움이 얼마나 큰지 알 수 있다.

인간에게 식욕이 얼마나 큰 즐거움을 주는 건지는 유튜브 먹방을 보면 알 수 있다. 처음에는 나도 "남이 먹는 걸 봐서 뭐해!"라고 생각했었지만, 어느 날 우연히 유튜브 방송에서 매운 음식을 먹는 스트리머를 보고는 묘한 쾌감과 대리만족을 느낄 수 있었다.

그만큼 식단조절은 어렵다. 나 또한 건강한 모습으로 대중 앞에 서야 하는 강사이기에 아침마다 유산소 운동을 매주 5회는 꼭 하고 있지만, 다른 부분에서는 맛있는 것을 마음 놓고 먹으려는 의미도 있다.

하지만 식단 조절 실패라는 원인에서 긍정적인 부분도 명확하게 있다. "체중은 줄지 않았지만, 한 달 동안 음식을 과하게 먹는 습관은 줄였다." 이 부분은 내가 다이어트를 시작하기 전과 시작 후의 모습을 상상해 보면 드러난다. 아무리 식단 조절에 실패하였다 하더라도 먹은 음식의 양은 조금이나마 차이가 난다는 것이다.

다이어트 실패의 주된 요소는 "식욕조절 실패", "처음부터 목표를 과한 강도로 운동하기"일 수 있다. 이처럼 성공 또한 작은 성공들이 모이고 모여서 큰 성공으로 이루어진다.

목표는 크게 잡되, 시작은 미미해도 전혀 문제없다. 전혀 운동과는 상관없던 사람이 갑자기 다이어트를 하겠다고 마음먹고 "하루에 2시간 헬스장에서 운동하기"는 어려울 수 있고, 포기하기 쉽게 만들 수 있다.

나도 처음에는 나를 위해 운동을 하겠다고 마음먹고 헬스장에 가서 모든 운동기구들을 30개씩만(기준 없이 일단 고 중량으로) 하겠다는 목표를 가지고 갔었는데, 문제가 발생했다. 하루 이틀 지나고 나니 온몸에 근육통이 생겨서 이틀 정도는 쉬었고, 나의 일에도 차질이 불가피했다. 이마저도 나는 "그래, 나의 몸에 근육이 발달하고 있다."라며 긍정적으로 생각하고 다시 운동하러 갔지만, 이틀을 쉬게 된 결과를 생각하고 그때부터 다시 시작점(원인)을 찾기 시작했다. 나의 시작점은 근육이 강화되는 나의 몸을 꿈꾼 것이 아닌, 날씬한 몸매였다는 시작점을 다시 상기하고 최소한의 근력운동과 러닝이었다. 처음에는 30분이라는 시간을 정하여 3분 걷고, 3분 뛰고를 반복했다. 그리고 일주일이 지나 3분 걷고 5분 뛰고, 이렇게 점차 시간을 늘려 나갔다. 현재는 9마일 속도로 30분 이상은 거뜬하다. 즉, 하루 10분 산책부터 시작하기, 또는 러닝 5분처럼 작게 시작해서 늘려가는 것이 우리의 끈기, 인내, 습관을 만드는 가장 효율적인 방법이다.

그리고 다시 시작할 수 있는 마인드를 갖기 위해서는 나 자신 스스로의 긍정적인 암시가 있어야 한다. "이번은 다이어트에 실패했지만, 이번 경험은 나를 더 강하게 만들 것이다.", "나는 매번 조금씩 더 나아지고 있다."는 긍정의 내면을 강화시키는 것이 반드시 필요하다.

객관적 관찰과 내면의 탐구를 통해 스스로를 이해하고, 이를 바탕으로 작은 변화와 실천을 만들어가는 것이다. 실패는 단순한 끝이 아니라 더 나은 방향으로 나아가기 위한 시작점이라는 태도가 중요하다. 따라서 결과에서 원인을 명확히 찾고 부정적인 부분은 버리고 긍정적인 부분들로 다시 시작하면 된다.

위에서 언급한 내용은 도요타 자동차에서 탄생한 문제 해결 기법인 '5Why 기법'에서 참조하였고, 내 생각을 더한 것이다.

긍정적인 에너지는 긍정을, 부정적인 에너지는 부정을 끌어당긴다

"독수리와 같이 날고 싶으면 오리들과 헤엄치지 말라."

— 하브 에커

실로 멋진 문구 아닌가? 무엇을 아느냐가 아니라 누구를 아느냐가 성공에 막대한 영향을 준다는 말이다. 에너지는 전염성이 있다. 전염을 시키거나 내게 전염이 되는 것이다. 부자들이나 부자가 되길 원하는 사람들을 봐라. 대체로 골프를 치러 다닌다. 하지만 단순히 골프를 치러 가는 것은 아니다. 성공한 사람들, 부유한 사람들을 만나러 가는 것이다.

부자, 즉 성공자가 되려면 골프를 치러 다녀야 한다는 이야기가 아니다. 적절한 예시일 뿐이다.
요즘에는 많은 사람들이 함께 즐기는 스포츠로 인식되었지만, 골프는 경제적으로 여유가 있거나 성공한 사람들이 즐기는 스포츠로 알려져 있다. 골프장은 이들과 자연스럽게 접촉할 수 있는 장소로 여겨진다. 많은 성공한 사람들이 골프를 취미나 네트워킹 도구로 활용하기 때문에, 골프장에서 그들을 만날 확률이 높다. 골프 한 라운드는 평균 4~5시간 정도 소요되며, 이 시간 동안 함께 시간을 보내면서 대화하고 관계를 쌓을 수 있는데, 다른 활동과 달리 골프는 천천히 진행되므로 진지한 대화나 깊은 인간관계를 형성하기에 적합하다. 회의실이나 사무실과 달리, 골프장은 편안한 환경에서 자연스럽게 사람들과 소통할 수 있는 공간이라 여겨진다.

성공한 사람들도 골프장에서는 긴장을 풀고 더 개방적인 태도를 보이는 경우가 많아 쉽게 다가갈 수 있다. 그 이유는, 골프를 좋아하는 사람들끼리는 스포츠라는 공통 관심사를 통해 빠르게 친밀감을 형성할 수 있기 때문이다. 성공한 사람들에게 골프를 잘 치는 것은 긍정적인 인상을 줄 수 있는 요소가 되기도 한다. 그리고 골프장은 단순한 스포츠를 넘어 비즈니스 거래와 아이디어 교환이 이루어지는 장소로 활용되고, 성공한 사람들 간의 중요한 의사결정이나 관계 구축이 형성되는 경우가 많다. 골프장에 자주 방문하면 해당 지역의 클럽 멤버나 정기적인 방문객과 친밀해질 기회가 생긴다. 이를 통해 평소에는 만나기 힘든 성공한 사람들에게 접근할 가능성을 높일 수 있다.

골프장은 모든 참가자가 같은 규칙과 상황 아래에서 경쟁하는 곳인데, 이러한 환경에서는 사회적 계층을 생각하지 않고 동등한 관계를 형성하기 쉽다.

결론적으로, 골프장은 성공한 사람들과 가까워지고 네트워크를 형성할 수 있는 독특하고 효과적인 공간이다. 이는 단순한 만남을 넘어 장기적인 비즈니스 및 개인적 관계를 구축할 기회를 제공한다.

골프장을 예시로 든 이유는, "성공자들은 성공자들과 함께하길 원한다."는 관점에서 볼 때, 골프가 비즈니스에 도움이 되는 스포츠이기 때문이다. 하지만 꼭 성공하기 위해서 골프를 연습하고, 부담스러울 정도의 돈을 투자하여 골프에 집중해야 하는 것은 아니다. 오로지 예일 뿐이다.

나는 아직 골프를 친 경험도 없고, 잘 모른다.

그리하여 나는 가장 쉬운 방법인 "책과의 동행"을 통해 성공자들을 만난다. 다행히 나에게는 내 인생 처음부터 끝까지 믿으면서 멘토로 삼고 있는 나의 아버지가 계셔서 천만다행이다. 현재도 사소한 고민, 부정에서 긍정으로 쉽게 넘어가기 힘든 감정이 생기면 항상 전화를 드려 조언을 듣곤 한다.

이렇게 내가 가지고 있는 문제나 감정들을 이야기할 수 있는 '멘토'가 있다면 최고의 환경이지만, 그렇지 않다면 가장 쉬운 시작은 오직 '책'뿐이다. 즉, 성공자와 함께하기 위한 가장 쉬운 방법으로는 성공자들에 관한 책 읽기이다. 가장 손쉽게 접근할 수 있고, 경제적인 부담도 아주 적다. 그러나 성공자들과의 현실적인 동행은 어려울 수 있다. 그래서 우리는 성공자들의 책이라는 도구를 적극 활용해야 한다. 책을 진심으로 읽고 마인드를 변화시키면 성공자들과의 현실적인 동행은 충분히 가능하다.

아직 성공하지 못했다는 것은 자기 자신에게 어떤 문제가 있는 것이다. 온 힘을 다해 노력하고 있는 사람이 왜 성공하지 못할까? 그 이유는 자신의 문제점을 눈치채지 못하고 있거나, 자신의 문제를 알려고 하지 않기 때문이다. '열심히 해야지!'라는 것을 다른 방면으로 보면, 자신의 방법을 고집하고 있어서일 것이다. 즉, 아무리 노력해도 성공하지 못할 방법으로 열심히 노력하는 사람이 대단히 많다는 사실이다. 따라서 잠재능력 개발이 반드시 필요한데, 가장 첫 번째로 해야 하는 것은 먼저 자기 자신을 아는 일이다. 자신의 문제점을 파악하는 것부터 시작된다. 자신의 문제점을 명확히 하면 금방 바뀐다. 눈앞의 현상에 사로잡히지 않고 본질적인 원인을 확실하게 알기 때문이다.

그리고 성공자를 따라 하는 것이다. 컴퓨터 타자 빠르게 치기도 자신만의 독수리 타법으로는 한계가 있다. 타자연습도 컴퓨터 프로그램을 만든 전문가들의 방법을 따라야 지속적으로 향상시킬 수 있는 것이다. 운이 따른다는 것도 그와 비슷하다. 자신만의 스타일로 숨어서 노력하기보다는 운이 따르는 사람이나 부유하게 성공한 사람의 방법을 그대로 따라 하면 된다.

"따라 하려는 대상만 정직하다면 싫어도 부유해질 수 있다."

이런 간단한 방법을 왜 사람들은 모르는 것인가? 자신의 힘만으로 어떻게든 해보려고 죽도록 노력하기 때문이다. 노력하면 할수록 늪에서 자신의 힘만으로 빠져나오려고 한다면 더 빠져들듯이 목적 없는 노력, 성공자들이 이루어낸 방법을 모르면 절대로 이전 방법으로부터 벗어날 수 없다.

미국에서 있었던 실화이다.
어떤 은행 강도가 경찰에게 체포되었다. 그래서 범죄정신분석관이 질문을 했다.

"당신은 왜 은행을 털었습니까?"

그때 그 강도는 아주 당연하면서도 엄청난 대답을 했다. 그 대답은 이러하였다.

"돈이 거기 있으니까요."

너무 당연한 대답이다. 간단히 생각해 보면 돈이 은행에 있기 때문에 은행을 털러 간 것이다. 이는 성공하고 싶고 부유하고 싶다면 성공자와 부유한 사람들 근처에라도 가야 한다는 뜻이다. 근처에 갈 만한 환경이 안 된다면, 세상에서 가장 쉽고 저렴하게 성공을 알 수 있는 '책'을 보면 된다.

언제까지 가난한 사람들 사이에 살면서 그들과 교류하며 백만장자가 되기를 바랄 것인가? 또 로또에 당첨되기 위해서든지, 큰 한 방을 위해서든지 자신이 가지고 있는 무한한 잠재력을 버리고 있다. 가난한 사람들을 비하하자는 것은 아니다. 하지만 앞의 은행 강도의 말처럼 돈이 있는 곳은 은행이다. 이처럼 무언가를 원한다면 그것이 있는 곳에 가야만 그것을 얻을 수 있다는 이야기가 된다.

성공자들은 책을 통해 배운다

부유한 사람들처럼 되기에 가장 좋고 간단한 방법은 '책'을 읽는 것이다. 앞 장에서도 설명했지만, 성공자들이 살아온 과정, 생각, 비법 등 수십 년간의 노하우가 한 권의 책에 담겨있다. 책을 읽지 않으면 풍요로운 마인드를 만들기 힘들다. 이것 또한 법칙이다.

당신은 성공한 사람들의 책을 읽으며 희망과 방법을 찾을 것인가? 성공과는 관련 없는 사람들과 모여 희망과 방법을 찾을 것인가? 당신의 선택에 달려있다. 내가 현재 결핍에 사로잡혀 있고, 현재 나의 모습을 바꾸길 원한다면 성공자의 책을 읽어야만 변화되고 현재의 모습에서 빠져나올 수 있다.

나는 27살에 군대를 제대했다. PC방에 빠져 대학교 4년 졸업 후 군대에 입대했기에, 27살에 제대한 것이다. 제대 후 어느 날 지인들과 자리를 함께하게 되었다. 그중에는 학교 선생님, 직장인, 호텔 직원 등등이 있었다. 인생사를 이야기하고 있던 차에 학교 선생님인 지인이 나에게 물었다.

"요즘에 어떤 생활을 하고 있니?"

"난 항상 자기계발서를 읽으면서 지내고 있어. 난 성공하고 싶거든."

"자기계발서 읽어봐야 별로 쓸모없어. 내가 읽어 봤는데 그냥 좋은 말이 많을 뿐이야."

나는 집에 가면서 학교 선생님이 한 말을 곰곰이 곱씹어보았다. '아! 저 친구는 자기계발서를 그냥 좋은 책으로만 보고 있구나.'라는 결론을 내렸다. 그 지인이 책에 나오는 성공하는 방법 등을 실행해 본 사람이 아니었기 때문이다.

성공한 사람들은 그들이 경험한 성공과 실패를 바탕으로 한 귀중한 교훈을 책을 통해 공유한다. 이들의 책은 그들이 수십 년간 쌓아온 노하우, 전략, 사고방식을 단기간에 배울 수 있는 기회를 제공하고, 성공한 사람들은 마인드셋(긍정적인 태도, 문제 해결 능력, 끈기 등)을 가지고 있다. 우리는 그 책을 읽음으로써 이러한 사고방식을 이해하고 자신의 삶에 적용할 수 있다. 예를 들어, 워렌 버핏의 책은 투자와 관련된 그의 철학과 장기적인 사고방식을 배울 수 있는 좋은 예이다. 성공한 사람들의 이야기를 통해 그들이 어떤 실수를 했고, 어떻게 극복했는지 배울 수 있다. 이를 통해 당신은 비슷한 실수를 피하거나, 실패 상황에서 효과적으로 대응할 준비를 할 수 있다. 성공자의 책은 종종 도전적인 상황에서도 희망을 잃지 않고 끝까지 노력한 이야기를 담고 있다. 이런 이야기는 독자에게 동기를 부여하고, 스스로의 목표를 향한 열정을 강화시켜 줄 수 있다. 특히 성공자의 책은 어려운 시기에 긍정적인 에너지와 용기는 물론, 새로운 시작으로 달려가는 데 크게 도움을 받을 수 있다.

성공한 사람들은 단순히 일반적인 조언만 하는 것이 아니라 자신만의 구체적인 전략과 기술을 책에 담아낸다. 그러하기에 우리는 책을 읽으면서 자신의 상황과 비슷한 경험을 한 성공자를 찾고 그를 롤 모델로 삼게 된다. 롤 모델의 성공 방식을 분석하고 모방함으로써 자신의 목표를 더 효과적으로 달성할 수 있다. 성공자의 책은 특정 분야의 전문 지식을 다루거나, 삶의 전반적인 지혜를 전해 주는 경우가 많은데, 이를 통해 독자는 자신의 한계를 확장하고, 더 넓은 시각에서 문제를 바라볼 수 있는 능력을 키우게 된다.
성공한 사람들의 이야기를 통해 공통적으로 발견되는 성공의 패턴(예: 목표 설정, 실행력, 자기계발)을 이해할 수 있는데, 이러한 패턴은 자신만의 성공 루틴을 구축하는 데 큰 도움이 된다.

성공자의 책을 읽는 것은 단순한 정보 습득을 넘어 지속적으로 배우고 성장하려는 태도를 만들어 준다. 이는 성공한 사람들의 공통된 특징 중 하나로, 스스로도 이러한 습관을 가지려고 노력한다. 또한 성공자의 책을 읽는 것은 그들의 삶과 철학, 전략을 간접적으로 체험하고 자신의 삶에 적용할 수 있는 강력한 도구가 되는데, 성공하려면 이미 성공한 사람들의 발자취를 연구하고, 그들이 공유하는 지식을 통해 자신의 길을 설계하는 것 말고는 다른 길은 찾기 힘들다.

가끔 책을 읽거나 어떤 영상을 보고 "와! 이대로 하면 나도 부자가 되겠지? 정말 놀라워. 나의 인생을 바꿀 수 있을 거야, 파이팅!" 이렇게 속으로 외쳐 보았던 적이 있을 것이다. 하지만 사람들은 대부분이 그렇게 되지 않는다. 그 이유는, 그렇게 하면 정말 될 것이란 믿음도 없고, 끝까지 해내는 신념과 끈기도 없기 때문이다. 반드시 감명을 받은 후 책을 읽고 영상을 보고 실천하기 시작해야 한다. 하지만 짧게 시도하면서 이전보다 더 나은 나를 발견하는 것이 미미할 때, 사람들은 '역시 안 되는구나. 다시 예전 생활로 돌아가자.'라는 마음가짐을 가지게 된다.

지금 자신의 환경이나 점점 바뀌어 가던 찰나, 인생이 이전으로 다시 돌아가 버리는 것이다. 끈기를 가진 사람의 반대의 말은 포기하는 사람이다.

"대다수의 인생 실패자들은 성공을 목전에 두고 포기한 사람들이다."

- 토머스 에디슨

성공자는 열정을 끝까지 지키려 노력한다

성공자들의 공통점은 식지 않는 열정이 있다는 것이다. 그러나 열정이라면 대부분의 사람들도 가지고 있다. 목표를 향해서 열정을 쏟았던 기억이 누구에게나 있을 것이다. 하지만 많은 사람들은 그 열정이 빨리 식어버려서 열정이 있었던 때를 떠올리지 못한다.

성공자들이 열정을 지킬 수 있는 이유는 바로 "시각화", 즉 생각을 선명하고 구체적으로 그리기를 포기하지 않기 때문이다. 자신의 눈에 성공한 나의 모습, 목표를 이룬 나의 모습이 선명하게 보이기에 쉽게 포기하지 않는 것이다. 그만큼 "생각"은 인생에서 가장 중요하다. 그리고 모든 것의 원인이 된다. 성공자들이 열정을 지속적으로 유지할 수 있는 이유는 그들의 사고방식, 습관, 목표 설정 방식 등에 깊이 뿌리를 두고 있어서다.

성공한 사람들에게는 분명한 목적과 비전이 있다.
성공한 사람들은 자신이 왜 그 일을 하는지, 그리고 그것이 어떤 의미를 가지는지에 대한 명확한 목적과 비전을 가지고 있다. 이들은 자신이 이루고자 하는 최종 목표를 지속적으로 상상하며 동기를 유지하려고 한다. 예를 들어, 사회에 긍정적인 변화를 가져오거나, 성공하여 사회에 공헌하기 위해서거나, 가족을 위한 더 나은 삶을 만들고자 하는 목적이 열정을 유지시킨다.

그리고 성공한 사람들에게는 내재적 동기부여가 확실하다. 성공자들은 외부적인 보상(돈, 명예)보다도 내재적인 동기(목표, 성장, 자기실현, 도전감)로부터 열정을 유지 시키는 경우가 많고, 자신이 하는 일이 즐겁거나 의미 있다고 느끼는 사람은 힘든 순간에도 열정을 유지할 가능성이 아주 높다.

성공자들은 끊임없는 자기계발을 한다.
성공한 사람들은 스스로를 성장시키고 배움을 지속하는 과정을 즐기는데, 목표를 이루었다고 안도하지 않고 새로운 목표설정을 잡고 또 달려간다. 하지만 이런 질문들이 생길 수 있다. "또 달린다는 것은 너무 힘들지 않나요?"라는 궁금증이 있을 수 있는데, 걱정할 필요가 없다. 이미 목표를 이루었다면, 다음 목표로 향하는 길은 첫 목표를 잡고 달려간 힘보다는 아주 적게 들 것이다. 이미 경제적,

시간적 자유를 얻었기 때문에 다른 목표설정은 오히려 즐거운 마음으로 도전할 수 있다.

성공자들은 작은 성공을 즐긴다.
성공자들은 목표를 작고 구체적인 단계로 나누어 진행하며, 각 단계를 달성할 때마다 성취감을 느낀다. 그리고 이러한 작은 성공들은 열정을 유지하는 데 긍정적인 영향을 미치며, 큰 목표를 향한 동력을 제공한다.

성공자들은 항상 도전하고 성장의 즐거움을 즐긴다.
성공한 사람들은 어려운 도전을 극복하는 과정에서 성취감을 느끼고, 문제를 해결하거나 한계를 뛰어넘을 때 느끼는 성장의 즐거움이 열정을 지속시키는 원동력이 된다.

성공자들은 항상 긍정적인 사고방식을 가지려고 한다.
성공자들은 실패나 어려움에도 좌절하지 않고, 이를 배움의 기회로 삼는다. 이런 긍정적인 사고는 스트레스를 줄이고, 어려운 상황에서도 열정을 유지하는 데 필수적인 마음가짐이다.

성공자들은 강력한 인간관계를 가지고 있다.

성공으로 달려가는 사람은 보통 "혼자"인 경우가 많다. 성공이라는 것은 소수 중 소수이기 때문이고, 올바른 길로 가려는 생각과 마인드를 훈련하는 것 또한 소수이다.

하지만 내가 계속 성공자로 달려가기 위해서 마인드를 훈련하고, 나의 목표를 꾸준히 생각하고 행동한다면 반드시 성공하려는 사람 또는 성공자의 마인드를 가진 사람과 함께 만나게 된다. 성공자의 마인드를 가지고 꾸준히 훈련하는 사람들은 자석처럼 끌리게 되어 있다.

성공자들은 자신을 응원하고 자극을 주는 사람들로 이루어진 강력한 네트워크를 가지고 있다. 이들과의 교류는 동기부여를 제공하며, 열정을 잃지 않도록 돕는 지원 시스템 역할을 한다.

성공자들은 자기 스스로를 돌보는 루틴을 만든다.

성공자들은 에너지 관리를 위해 신체적, 정신적 건강을 중요시하는데, 첫 번째가 바로 '신체적' 건강이다. 아무리 대단한 능력과 마인드를 가지고 있다고 해도 체력이 부족하고, 병에 걸려 나의 신체가 통증을 호소한다면, 긍정적인 사고방식으로 이겨내기 힘들 수밖에 없다. 두 번째는 정신적 건강인데, 이것은 책에서 말하는 요점인 바로 '마인드' 훈련이다.

성공자들은 실패를 두려워하지 않는다.
성공자들은 실패를 최종적인 끝이 아니라, 성공으로 가는 과정의 일부로 본다. 실패에 대한 두려움이 적기 때문에 더욱 자유롭게 도전하며, 그 과정에서 열정을 유지하려 한다.

모든 성공자들에게 있는 마음가짐은 바로 감사하는 태도다.
성공자들은 현재 가지고 있는 것에 대해 감사하는 태도를 가지고 있다. 감사의 마음은 긍정적인 감정을 증폭시켜 열정을 더 오랫동안 유지하도록 돕는다.
더 자세한 감사에 대한 부분은 마지막 장에서 설명하겠다.

성공자들은 세상을 더 나아지게 하고자 하는 의지가 있다.
성공자들은 종종 자신만을 위한 것이 아니라 더 큰 목적(사회적 책임, 인류 발전)을 위해 일한다.

1. 빌 게이츠(Bill Gates)

업적 : 마이크로소프트(Microsoft)의 공동 창립자.

인류 발전기여 : 빌 & 멀린다 게이츠 재단을 설립하여 전 세계의 질병 퇴치, 교육 기회 확대, 빈곤 퇴치에 수십억 달러를 기부. 특히 말라리아와 폴리오 퇴치에 큰 기여를 하고 있다.

2. 일론 머스크(Elon Musk)
업적 : 테슬라(Tesla), 스페이스X(SpaceX), 솔라시티(SolarCity) 등의 CEO.
인류 발전기여 : 지속 가능한 에너지 보급과 우주 탐사를 통해 인류의 미래를 개척하고자 노력하고 있다.
테슬라는 전기차를 대중화하여 탄소 배출 감소에 기여하고 있다.

3. 마하트마 간디(Mahatma Gandhi)
업적 : 비폭력 운동의 상징.
인류 발전기여 : 인도 독립운동을 이끌었으며, 그의 비폭력 철학은 전 세계의 평화와 인권 운동에 영향을 끼쳤다.

이들은 각자의 방식으로 인류를 위한 지속 가능한 미래를 설계하고, 글로벌 문제 해결에 앞장서는 대표적인 성공자들이다. 이러한 목표는 지속적인 동기와 열정을 제공하며, 그들의 행동에 깊은 의미를 부여한다.

성공자들이 열정을 지킬 수 있는 이유는 이처럼 다양한 내적, 외적 요인에서 비롯되는데, 그들은 끊임없이 자신을 성장시키고, 목표를 명확히 하며, 어려운 상황에서도 의미와 동기를 발견하는 데 능숙하다. 이 모든 요소가 결합되어 열정을 지속적으로 유지하게 하는 원동력이 된다.

우리 또한 자신 스스로가 정한 목표를 향해 달려갈 때는 반드시 멈추지 않는 "열정"을 가지는 것이 아주 중요하다.

성공자들은 행운을 가진 사람들과 함께한다

성공한 사람들의 주변에는 행운을 가진 사람들이 많다. 성공의 시작에는 대부분 "혼자"로 출발이지만, 성공을 향해 포기하지 않고 달려가다 보면 어느새 주위에는 협력자들이 존재하게 된다.

사회 공헌과 인류 발전을 위한 꿈이라는 것은 혼자의 힘으로는 실현시키기 어렵다는 것을 앞에서 말하였다. 성공이란 함께 있는 사람들이 집단적으로 세상을 변화시키고, 움직이는 것이다. 세상이 아무리 불황일지라도 성공자들에게는 불황이 없다. 우리들은 운이 좋다. '이것 또한 기회다.'라고 착각한 그들은 언젠가 자신들이 성공하였을 때, 에피소드로써 현재의 가난한 시절을 되돌아보고 격려를 한다. 혼자라면 틀림없이 견딜 수 없는 것이다. 행운이 행운을 부르고 행운은 행운을 더해 주는 것이다.

반대로 행운이 없는 사람들은 이상하게도 행운이 없는 사람들끼리 모인다. 유유상종이라고 서로를 격려하면서 꿈을 어떻게 실현시킬

까 이야기하는 것이 아니라 "더러운 세상!", "모든 건 사회 탓이야!" 등 부정의 이야기로 시간을 보낸다. 모두가 행운이 없었던 건 아니다. 하지만 행운이 없는 사람과 만나고, 부정적인 이야기만 하고, 자신이 아닌 남 탓을 하는 중에 자연스럽게 행운이 없는 사람이 되어 가는 것이다.

분명히 전하고 싶은 내용은 "불평불만을 자주 하는 사람과는 인간관계를 끝내야 한다." 회사에서 또는 내가 하는 일의 특성상 매일매일 봐야 하는 직장 상사나 동료라면, 당신은 더욱더 마인드 훈련을 해야 하고 불평, 불만자들의 대화에 절대로 끼어들지 마라. 같이 불평불만을 시작하게 되면 전염성이 뛰어나기 때문에 성공자로 가고 싶은 나의 잠재의식에 아주 큰 방해가 될 수 있다. 적절한 제스처와 적절한 대답으로 최대한 빠르게 벗어나야 한다. 오래 있게 된다면 자신의 생각으로 판단하는 것이 아닌, 다른 사람들의 불평으로 판단하게 되는 순간이 올 수도 있기 때문이다.

세상은 공평하지 않다. 그렇기 때문에 성공자들은 성공자들끼리 모임을 구성하고, 부자들은 부자들끼리 모임을 구성하고, 꿈을 가진 사람들은 꿈을 가진 사람들과 교류한다. 부정적인 사람들은 부정적인 사람들과 이야기할 때, 위안을 받는다. 긍정적인 사람들은 긍정적인 사람들과 만나기를 좋아한다. 즉, 자신과 같은 분야에 있는 사람과 만나기를 좋아하고, 반대되는 사람과는 만남을 꺼려하는 것이다. 솔직한 자신의 마음으로 보면 다들 이해하고 납득하게 될 것이다.

과거 학교 다닐 때의 말이다. "공부를 잘하고 싶으면 공부 잘하는 친구를 사귀라고." 이것도 비슷한 의미이다. 하지만 이것 또한 친구를 가려서 사귀어야 한다는 뜻으로 이해하는 것은 오해가 될 수 있다. 내가 공부를 잘하고 싶으면 공부 잘하는 친구와 자주 만나고 교류해야 할 것이고, 운동을 잘하고 싶으면 운동 잘하는 친구와 교류를 많이 해야 한다는 뜻이다. 많이 알고 싶으면 많이 아는 사람을 사귀어야 발전이 있는 것이다. 모르는 사람끼리 만나서 하는 대화는 그저 푸념이나 생산성이 전혀 없는 대화가 이루어질 가능성이 높다.

성공자들은 확실한 목표를 가지고 있는 사람들과 교류하기 좋아한다. 부정적으로 세상을 바라보는 사람을 좋아하지도 않고 옆에 두려 하지 않는다. 당신이 긍정적인 부자라면 부정적인 가난한 사람을 좋아할 수 있느냐는 말이다. 긍정은 긍정을 찾게 되고, 부정은 부정을 찾기 마련이다. 긍정적인 사람들과의 교류를 원한다면 당신부터 긍정적인 사람이 되어야 하는 것이다.

세상에는 무수히 많은 성공 방법이 존재한다

긍정적인 사고방식을 가지려고 해서 되는 것은 절대 아니다. 만일 그렇게 쉽게 긍정적인 사람이 될 수 있었다면 거의 대부분의 사람들이 성공했고, 행복할 것이다. 사고는 감정에 따라 좌우된다. 기분이 좋지 않은데 사고만 긍정적으로 바뀌지 않는다. 마음으로 기분이 엉망인데 머리로만 '난 긍정적이야. 좋게 생각하자.'라고 생각할 수 없기 때문이다. 부정적인 사람일수록 긍정적으로 생각하려고 노력하는 것이다.

나 또한 마인드 훈련이 부족했을 때의 감정을 들여다보면, 어떤 부정적인 상황이 생겼을 때, 입으로만 '난 긍정적인 사람이야!'라고 했다. 그때 나는 타인에게 "긍정적인 사람"으로 보이고 싶어 했다는 것을 알게 되었다. 겉과 속이 다른 사람처럼 행동했었다. 아무것도 안 하는 것보다는 잘하는 것이지만, 나의 감정은 전혀 긍정적이지 않은데 입으로만 긍정을 말하게 되면, 부정에서 긍정으로 전환할 때 엄청난 시간과 에너지를 소모한다.

그러면 어떻게 해야 긍정적인 생각이 자연스럽게 들까? 나도 예전에는 긍정적인 척을 많이 했었다. 마음속으로는 기분 나빠하고 있지만 일부러 긍정적인 척했었다. 현재의 상황과 마음이 긍정적이지는 않지만, 긍정적으로 마음을 돌릴 수 있는 방법을 같이 공유할까 한다. 상황과 부정의 크기에 따라 감정이 요동치는 깊이는 다르다. 그렇다면 우리는 어떤 방법으로 부정을 물리치고 긍정이라는 녀석을 잠재의식에 각인시킬 수 있을까를 생각해 보자.

첫 번째, 나는 먼저 이 부정적인 상황의 원인을 찾으려 생각한다. 원인을 찾으면 스스로 반성하고 다음부터는 이러한 결과를 생기지 않게 발전하려 한다.

두 번째, 부정에서 긍정적인 부분을 찾으려 생각한다. 세상 어떤 상황이라도 그 상황 속에 부정과 긍정은 반드시 동시에 존재하기 때문에, 나에게 이로운 부분만을 찾아내어 내 것으로 만든다.

세 번째, 현재 부정적인 상황이 나의 인생에 얼마나 큰 타격을 줄지에 대해서 생각해 본다. 실제로 부정적인 상황에서 생기는 감정을 이성적으로 바라보면 그 순간적인 상황은 나에게 골칫거리로 느껴질 수 있으나, 생각보다 나의 인생에 엄청난 마이너스로 작용하는 경우는 드물다.

항상 부정적인 상황이 나에게 다가오면 빠져나가려 애를 쓴다. 마인드 훈련을 꾸준히 하고 있는 나조차도 쉽지는 않다. 하지만 집중해서 부정에서 긍정으로 전환시키려 하는 이유는 내가 최대한 빠르게 전환시키지 못하면 나의 성공에 이로운 점이 하나도 없다는 것과 올바른 성공에너지를 빼앗기기 때문이다. 그리고 몸이 아플 때에도 생각을 전환시키려 노력한다.

내 몸이 아프면 그 순간에는 통증 때문에 긍정적일 수 없겠지만, 순간적으로 마음을 바꾸어 "이 통증은 내 몸에 이상이 있다는 신호를 주었구나!"라고 생각하고, 통증이 없었다면 분명히 나중에는 "큰 병으로 돌아올 수도 있겠구나!", "견딜만한 통증으로 나에게 신호를 보냈구나!"라고 인지하면 긍정적인 뜻을 되새기고 말할 필요가 없다. 자연스레 긍정적인 감정을 가지게 된다.

진정 올바른 마인드를 가진 사람이라면 겉과 속이 같아야 한다. 긍정적인 척을 하지 말고 부정에서 긍정을 찾는다면, 척하는 사람이 아닌 긍정적인 사람이 될 것이다.

경험의 힘: 들은 것은 잊고 본 것은 기억하며, 직접 해본 것은 이해한다

생각이 현실이 된다는 것을 단 한 번만이라도 경험하고 체험해서 생각이 현실이 된다는 것을 믿는 순간, 이 책은 쓸모가 없어질 수도 있을 것이다. 왜일까? 거창하게 이렇게 방법을 이야기하지 않더라도 자신 스스로 무의식적으로 알고 있는 부분이기 때문이다. 경험과 체험은 아주 쉽다. 이것을 가능케 하는 방법은 단 한 가지, 바로 "시작"하는 것이다.

나는 현재 아파트 1층에 살고 있는데, 우리 아파트는 1층 공동 현관 앞에는 주차할 곳이 몇 군데 없다. 간혹 차에 짐을 실어 아침에 출근해야 할 때는 지하 주차장보다는 1층이 훨씬 유리하기 때문에 1층 야외 주차공간을 원했다. 그래서 생각으로 자리를 얻어 보려 집중하면서 시각화를 하였다. 그리고 기대를 하면서 도착하였는데, 역시 항상 꽉 차 있던 야외 주차공간에 나를 위한 자리가 있었다. 다른 이들이 볼 때 아주 사소한 것처럼 보일지 몰라도, 내가 스스로 생각하고 시각화로 얻어진 그 야외주차 공간을 보며 온몸에 소름이 끼쳤던 경험을 잊지 못한다. 또 어떤 날은 1층 야외 주차공간이 필요해서 시각화를 하고 퇴근 후 도착을 하니 주차할 곳이 없었다. 그래서 "오늘 내가 시각화를 선명하게 하지 않았구나!"라는 생각을 하려는 찰나, 10초 정도 지난 후 차가 한 대 빠져나가면서 또 주차할 공간이 생겼다.

시각화(Visualization)를 통해 자신의 목표나 꿈을 실현했다고 알려진 사람들은 여러 분야에 걸쳐 존재한다. 이들은 목표를 명확히 하고 이를 지속적으로 상상하며 행동으로 옮긴 결과, 꿈을 현실로 만들어냈다고 말하고 있다. 아래는 그중 일부 유명한 사례들이다.

1. 짐 캐리(Jim Carrey)

짐 캐리는 자신의 꿈을 시각화하기 위해 천만 달러짜리 수표를 작성했다. 그는 이 수표에 "Jim Carrey"와 "천만 달러"를 적고, 날짜는 1995년으로 설정했고, 이 금액을 자신이 출연할 영화에서 벌어들일 수 있을 것이라고 믿었다. 그는 이 수표를 지갑에 넣고 다니며, 매일 그것을 보면서 자신의 꿈을 확신했다. 그가 수표를 작성한 지 4년 후, 영화에서 그가 받은 출연료는 총 천만 달러였다. 이 시점에서 그는 자신이 시각화한 목표가 실제로 이루어진 것을 경험하게 되었다.

2. 오프라 윈프리(Oprah Winfrey)

오프라는 자신의 목표를 구체적으로 상상하며 마치 이미 그것을 이룬 것처럼 느껴보는 연습을 했다. 예를 들어, 그녀가 토크쇼 진행자로서의 커리어를 꿈꿨을 때, 무대에 서 있는 자신과 청중의 반응까지 생생하게 상상했다고 한다. 단순히 이미지로 상상하는 것뿐 아니라 그 순간의 감정에 몰입하는 것을 중요하게 생각했다.

원하는 목표를 이룬 후의 행복감, 감사함, 성취감을 느끼는 것이 시각화의 효과를 극대화한다고 강조했다. 오프라는 목표를 시각적으로 표현한 비전 보드(Vision Board)를 적극 활용했다. 즉, 자신이 원하는 것들을 사진이나 문구로 만들어 매일 보며 그 이미지를 잠재의식에 새겨 넣는 데 노력한 것이다. 그녀는 시각화와 함께 긍정적인 말을 반복하며 자신의 믿음을 강화했다.

"나는 내가 원하는 삶을 만들 힘이 있다."라는 식의 긍정적인 확언이 목표 달성에 큰 영향을 미친다고 설명했다.

3. 아놀드 슈왈제네거(Arnold Schwarzenegger)

아놀드는 목표를 구체적으로 설정하고 이를 마치 이미 이루어진 것처럼 상상했다. 보디빌더 시절 그는 자신이 이미 "미스터 올림피아"가 되어 트로피를 들고 있는 모습을 머릿속에서 반복적으로 그렸다고 말했다. 그는 목표를 시각적으로 명확히 하면 그 방향으로 행동하고 에너지를 집중하는 데 큰 도움이 된다고 강조했다. 그는 자신의 몸이 어떻게 변해야 할지, 무대에서 어떤 포즈를 취할지까지 모든 세부 사항을 시각화했다. 배우가 되겠다고 결심한 후에는 자신이 스크린에 등장하고 관객이 환호하는 장면을 상상했다. 아놀드는 시각화를 단순히 상상하는 행위로 끝내는 것이 아니라 감정을 함께 느끼는 것을 중요시했다. 그 목표를 이루었을 때의 기쁨과 자신감을 미리 느끼며 마치 현재 이미 그 상태인 것처럼 행동했다. 그는 시각화를 매일 실천했고, 이를 통해 자신의 잠재의식이 목표를 현실로 만들 수 있도록 꾸준히 신호를 보냈다.

"내가 무엇을 이루고 싶은지 알면, 나는 그것에 몰두하고 그것이 현실이 되는 순간을 계속해서 상상했다."라고 밝혔다.

4. 코너 맥그리거(Conor McGregor)

2015년 조세 알도와의 경기에서 코너는 경기 전부터 "13초 만에 KO로 승리할 것"이라고 말하며 이를 시각화했다. 실제 경기에서도 코너는 13초 만에 정확히 예언대로 승리하며 챔피언 벨트를 차지했다. 그는 이후 인터뷰에서 "나는 그 순간을 여러 번 머릿속으로 그렸고, 그것이 현실이 되었다."라고 설명했다. 그리고 더블 챔피언 목표로 설정한 코너는 UFC 최초로 두 체급 챔피언에 오르겠다는 목표를 세웠고, 자신이 두 개의 챔피언 벨트를 동시에 들고 있는 모습을 시각화했다. 2016년, 그는 에디 알바레즈를 꺾고 두 체급 챔피언이라는 기록을 달성하며 꿈을 현실로 만들었다. 코너는 자신의 성공 이후에도 시각화를 계속 실천하며 "돈, 명성, 성공"을 시각화했다.

그는 자신이 타고 싶은 차, 살고 싶은 집 등을 구체적으로 그리며, 실제로 그 모든 것을 이루었다.

5. 토니 로빈스(Tony Robbins)

토니는 젊은 시절 가난과 좌절 속에서 살았지만, 시각화를 통해 성공적인 미래를 꿈꾸며 그 목표를 현실로 바꿨다. 당시 그는 자신이 강연장에서 수많은 사람들에게 동기를 부여하며 삶을 변화시키는 모습을 반복적으로 상상했다. 이러한 시각화는 그의 자신감을 키웠고, 실제로 목표를 향해 나아갈 동기를 제공했다. 그는 시각화를 통해 자신이 세계적인 무대에서 청중을 감동시키는 장면을 머릿속으로 그리고, 그 순간의 감정을 깊이 느꼈다고 말했다. 이 시각화

덕분에 그는 점차 작은 그룹을 대상으로 시작해, 오늘날 수만 명이 참석하는 글로벌 이벤트를 개최하는 데 성공했다. 토니는 자신의 사업을 성장시키는 과정에서도 시각화를 적극 활용했다. 그는 자신이 세계적인 기업가와 협력하고, 성공적인 투자자로 자리 잡는 모습을 상상하며 이를 현실로 만들었다. 예를 들어, 그는 NBA 팀인 LAFC(로스앤젤레스 풋볼 클럽)의 공동 소유주가 되는 과정을 시각화하며 이를 이뤘다.

시각화의 공통점을 살펴보면, 이들의 사례에서 알 수 있듯 단순히 상상에서 시작하였다.

다음 요소들은 공통적으로 성공을 이루어 가는데 필수 조건이다.

구체적인 목표 : 원하는 결과를 명확히 정의

감정적 몰입 : 결과를 상상하며 이를 느끼는 자세.

행동으로 연결 : 시각화와 함께 목표를 이루기 위한 지속적인 노력.

긍정적인 자기 대화 : 스스로에 대한 신뢰와 낙관적인 태도.

시각화는 단순히 꿈을 꾸는 것 이상의 전략으로, 상상과 현실을 연결해 줄 행동이 수반될 때 가장 빠르게 나타난다. 어떤 사람들을 이것을 '운'이라는 설명할 수 없는 단어로 이야기하는데, 나에게 오는 '운 또는 행운'은 내가 행동하는 '양'만큼 나에게 온다는 것을 명심해야 한다. 내가 행동하지 않는데 나에게 운으로 오는 경우는 절대 없다.

자신이 직접 체험하기 전에는 눈에 보이지 않는 끌어당김의 법칙을 믿기는 쉽지 않다. 그러니 아주 사소하거나 작은 것이라도 원하는 것이 있으면, 꼭 한번 실천해서 작은 성공들로 큰 성공을 만들어 나가는 것이 중요하다고 하겠다.

성공의 법칙과 자연의 법칙의 유사성

자연의 법칙과 성공의 법칙은 많은 면에서 서로 비슷하다. 자연의 원리와 조화롭게 작동하는 방식은 인간의 성취 과정에서 중요한 교훈을 제공한다.

자연의 법칙은 작은 씨앗을 심으면 시간이 지나 적절한 조건(햇빛, 물, 영양분 등)을 통해 나무가 자라고 열매를 맺는다. 성장은 천천히 이루어지며, 인내와 지속적인 보살핌이 필요하다.
성공의 법칙은 목표를 세우고 작은 행동(씨앗)을 시작하면 시간이 지나 성공(수확)으로 이어진다.
한 번의 노력으로 큰 결과를 얻기보다는 꾸준히 행동하고 반복적으로 생각하는 과정이 중요하다.

성공의 법칙과 자연의 법칙의 균형과 조화의 법칙에서 바라보면, 자연의 법칙에서 생태계는 각 구성 요소가 균형을 이뤄야 건강하게 유지된다. 과잉 또는 부족이 생기면 문제가 발생한다. 예를 들어, 너무 많은 비가 오면 홍수가 나고, 너무 적으면 가뭄이 발생한다. 성공의 법칙에서 일과 삶, 노력과 휴식, 욕심과 겸손 사이의 균형이 중요하다. 지나친 과로는 번 아웃을 초래하고, 지나친 안주는 성장을 방해한다. 예를 들어, 성공한 사람들은 경제적인 자유와 시간적인 자유를 동시에 누린다.

＊성공의 법칙과 자연의 법칙의 적응법칙
자연의 법칙에서 생명체는 변화하는 환경에 적응해야 생존할 수 있다. 자연의 선택은 가장 적응력이 뛰어난 종이 살아남는 과정을 보여준다. 성공의 법칙에서 변화에 유연하게 대응하는 능력은 성공의 핵심이다. 기술의 발전, 시장의 변화, 사회적 흐름을 받아들이고 성장하는 사람들이 경쟁에서 앞서간다. 즉, 항상 자신의 마인드를 훈련하고, 자신을 성장시켜 모든 면에 적응하도록 해야 한다.

＊성공의 법칙과 자연의 법칙의 행동과 반작용의 법칙(뉴턴의 제3법칙)
자연의 법칙에서 모든 행동에는 동일한 크기와 반대 방향의 반작용이 존재한다. 예를 들어, 돌을 던지면 물결이 퍼져나가고, 강한 바람이 불면 나무가 흔들린다.

성공의 법칙은 명확한 목표와 끈기, 행동은 결과를 만들어낸다. 큰 목표를 이루기 위해서는 그만큼의 행동이 필요하며, 행동하지 않으면 결과도 없다. 예를 들면, 스포츠 선수들이 훈련에서 땀을 흘린 만큼 경기장에서 좋은 성과를 내는 원리가 있다.

*성공의 법칙과 자연의 법칙의 성장법칙

자연의 법칙에서 나무, 동물, 인간 등 모든 생명체는 성장을 멈추지 않는다. 성장은 지속적인 과정이다. 성장에는 시간이 걸리고, 점진적으로 이루어진다. 한마디로 한 방에 성공하는 방법 따윈 없고, 존재하지도 않으며, 있다고 해도 그건 "사기"이다.

성공의 법칙은 개인의 발전과 성공도 단계적으로 이루어진다. 급격한 성공은 오히려 쉽게 무너질 수 있지만, 꾸준히 성장한 성공은 오래 지속된다. 즉, 작은 성공들이 모여 큰 성공으로 이루어 나가야 한다는 뜻이다. 자연의 법칙은 인생과 성공의 여정에서 훌륭한 교훈을 제공한다. 자연의 균형, 인내, 성장, 적응을 통해 지속 가능한 생태계를 유지하듯, 인간의 성공도 이러한 원리와 조화를 이루는 방식으로 이루어질 때, 가장 건강하고 의미 있고 값어치가 큰 결과를 얻을 수 있다.

생각하는 대로 현실이 된다는 많은 성공자들의 이야기는 공통점이 존재한다.

자연을 예로 들면, 비가 와서 산을 적시고 그 계곡물이 바다로 흘러 나가서 바다와 만나게 된다. 그리고 햇빛으로 인해서 수증기가 발생하고 구름이 생성되어 비가 내린다. 하지만 이 부분에서 만약에 한 가지가 없다고 생각해 보자. 그러면 지구가 존재할 수 없다는 결론이 난다.

비(생각) - 바다(감정) - 햇빛과 구름(행동) - 비(결론)

비가 없다면 계곡물이 없을 것이고, 계곡물이 없으면 바닷물도 사라지게 되며, 햇빛이 없다면 수증기가 없고, 수증기가 없으면 구름이 사라지게 된다. 확실한 자연의 법칙이다.

세상에서 가장 악한 사람과 세상에서 가장 착한 사람이 100층이나 되는 높은 빌딩에 올라가서 동시에 떨어진다고 생각해 보자. 착한 사람은 떨어지지 않고 악한 사람만 빨리 떨어질까? 아니다. 중력의 법칙에 의해 똑같이 떨어진다. 사람의 생각에도 법칙이 존재한다. 어떤 상황을 "난 생각하지 않고 하는데?"라고 한다면, 참 안타까운 생각이다. 어느 누구도 생각하지 않고 행동으로 나오는 것은 있을 수가 없다. 자신이 스스로 "난 생각하지 않고 행동한다."라고 한다면, 그 사람은 존재할 수가 없다.

만약에 '노력하면 부자가 된다'고 하자. 여기서 말하는 노력은 확실한 목표가 없이 마냥 '노력하면 된다.'를 이야기하는 것이다. 주변에 고개를 돌려 보면 참으로 성실하고 노력하는 사람들이 있는데 부자가 아닌 사람이 대부분이다. 성실하고 노력하면 부자가 될 수 있다고 하는데, 왜 부자가 되지 못하고 평생 노력만 하는 사람이 있을까? 꿈과 목표 없는 성실과 노력은 성실과 노력에서 그친다. 원인, 즉 목표가 없으면 과정이 없고 당연하게 결과도 없다. 목표가 있어야 과정이 쓸모가 있고 결과도 있다. 사람들에게는 판단력이 있다. 생각하는 능력이 있다. 이것을 어떻게 사용할 것인가는 자신이 선택하는 것이다.

자연의 법칙과 성공의 법칙은 닮았다. 즉, 이 우주와 지구에는 생각하기만 한다면 이루어지는 법칙이 존재한다는 것이다.

말이 가지는 강력한 영향력

"시간은 흘러가지만 한번 입 밖에 낸 말은 그대로 남는다."

- 톨스토이

　　　　　마인드 훈련을 하기 전, 내 주위에는 '말'에 대해서 부정적으로 사용하는 사람들이 많았다. 즉, 나 또한 부정적인 언어를 사용했기에 부정적인 언어를 일상화하여 쓰는 사람들을 만나고 있었던 것이다. 특히 학창시절에는 비속어를 제외하고는 할 말이 없었다.

'말'이라는 것은 성공을 좌우하는 중요한 부분 중 하나이다.

한 가지 예를 들어보자.
두 사람이 카페에서 대화를 하고 있다. 두 사람 모두가 부정적인 말들로 대화를 하고 있는 장면을 내가 목격하고 있다고 가정해 보자. 그럼 어떤 생각이 들겠는가? 대부분 교양이 부족한 사람들이라고 생각할 것이다. 그러나 나중에 알고 보니 그 두 사람이 아주 유명한 작가와 유명인이라면? 부정적인 말들과 욕설이 많은 대화를 했기에 유명인이건, 유명한 작가이건 간에 '부정적인 사람'이라고 내 머릿속에 인식이 되어 버린다. 그리고 우연히 책방에 가서도 그 유명인의 책이 베스트셀러라고 하여도 난 쳐다보지도 않을 것이다. 왜? 이미 그 사람들의 교양이나 인간적인 측면이 말로 나타내어서 올바른 마인드를 장착하지 않는 사람들이라는 고정관념을 가지게 되었기 때문이다.

'말'이라는 것이 무서운 존재이다. 이 부분을 염두에 두지 않고 필터링 없이 그냥 이야기한다면 무시무시한 일들이 생겨날 것이다. 그리고 뇌의 관점으로 볼 때, 내가 내뱉는 말을 조심해야 한다.
내가 말하는 단어와 문장은 나의 잠재의식에서 나오는 경우가 많은데, 내가 부정적인 언어를 뱉으면 나의 뇌는 즉시 나의 잠재의식에 다시 새겨 넣고, 그것을 이루려고 뇌는 우리 몸에 명령을 내린다.

생각 다음으로 우리의 성공을 방해하는 것은 나의 "말"이다. 평소에 내가 하는 말에 내가 나의 인생을 어떻게 생각하고 행동하는지가 담겨있다. 절대로 부정적인 또는 파괴적인 언어를 입 밖으로 내

뱉으면 안 된다. 메아리처럼 반드시 되돌아온다.

부정적인 말은 주로 부정적 감정을 유발하거나 표현하는 데 사용되는 단어다. 이런 단어는 말하는 사람과 듣는 사람 모두에게 부정적인 영향을 줄 수 있다.

1. 감정 표현

슬픔 : 슬프다, 우울하다, 상실, 절망, 낙담

분노 : 화나다, 짜증 나다, 분노, 억울하다, 불쾌하다

두려움 : 무섭다, 걱정, 불안, 공포, 초조

2. 상황 묘사

실패 : 실패하다, 불가능, 망하다, 무너짐, 절망적

부정 : 아니다, 안 된다, 못하다, 불리하다, 무의미

비판 : 틀리다, 못난, 어리석다, 쓸모없다, 형편없다

3. 인물 묘사

자신 : 못난, 부족하다, 한심하다, 무능하다, 부끄럽다

타인 : 이기적이다, 무례하다, 게으르다, 못됐다, 냉정하다

4. 환경/상황

부정적 환경 : 지저분하다, 혼란스럽다, 엉망이다, 암울하다

부정적 결과 : 손해, 실패, 나락, 후회, 실수

이러한 감정이 생기는 것은 인간에게는 당연한 일이다. 나 또한 저런 감정들을 충분히 느낀다.

하지만 여기서 중요한 것은 최대한 빠르게 부정에서 벗어나야 한다는 것이다. 긍정으로 전환되지 못하면 부정에게 끌려다닐 수밖에 없다. 사람에게는 긍정과 부정 두 가지 감정만이 존재하기 때문이다.

부정적인 단어의 영향을 3가지로 풀어보면, 첫 번째는 심리적 부분인데, 말하는 사람의 부정적인 인식을 강화하고, 듣는 사람의 감정에도 부정적 영향을 끼친다.

두 번째는 사회적으로 갈등을 유발하거나 관계를 악화시킬 수 있다.

세 번째는 신체적으로 스트레스와 같은 부정적 감정이 신체 건강에 악영향을 미칠 수 있다.

위에서 나온 부정적인 단어를 얼마나 자주 사용하느냐에 따라서 자신의 이미지가 정해진다. 나 스스로가 얼마나 부정적인 언어를

많이 사용하는지 한번 생각해 봐야 한다.

나 또한 학창시절에 "비속어"가 없으면 대화를 할 수 없는 학생이었다. 친구들과 함께 대화할 때면 누가 비속어를 맛깔나게 잘 쓰는지에 대해서 경쟁까지 했었다. 그 당시에는 비속어가 빠지면 친구와 대화하기 힘들다고 생각했고, 그때는 그런 말들을 잘하면 나 자신이 강한 줄 알았다.

말의 영향력에 대해서 난 이렇게 생각한다. 누군가에게 말로서 조언할 때는 일단 자신 스스로 거울을 바라보는 자세로 "내가 조언을 할 만큼 여기에 대해 떳떳한가?"라고 생각하고 이야기해야 한다. 단지 우울한 기분을 들어주는 거라면 가끔 추임새만 넣고 듣기만 해라. 이러쿵저러쿵하다 보면 앞에 있는 사람의 기분을 망칠 수도 있고, 자신의 기분까지 부정적으로 물들 수 있다. 혹시나 어리석은 조언을 했을 경우는 타인의 인생을 망칠 수도 있기 때문에 말은 조심해서 해야 한다.

단 한 번의 말실수는 다시 신뢰를 받기까지 엄청난 시간이 소요된다. 그리고 대부분의 사람들은 내가 어떤 고민을 이야기하거나 의견을 제시할 때, 머릿속에 자신이 원하는 답을 설정하고 이야기한다. 그렇지 않은가? 듣기 좋은 말, 듣고 싶은 말은 이미 정해져 있다는 것이다. 아무리 나에게 부정적인 고민을 이야기하더라도 진실로 이야기하는 것보다 자신의 편을 들어주길 원한다.

칭찬하는 대화(말)에 대해서 한 가지 예를 들어보겠다.
여성들이 모임을 가졌을 경우, 사이좋은 여성들끼리 만나면 몇 시간이 흘러가도 서로 지루해하지 않는다. 보통 여성들끼리의 모임에서 나누는 대화를 들어보면 칭찬 일색이다.
여성들끼리 가식적으로 주고받는 칭찬은 종종 진심이 부족하거나 형식적인 대화의 일부로 이루어지는 경우가 많다. 이러한 말은 표면적으로는 긍정적이다. 하지만 모두 진심이 없다는 이야기는 아니다. 일반적인 대화를 만들어 보았다.

* 가식적인 칭찬의 예

1. 외모 관련

"너 진짜 살 빠졌나 보다~ 근데 전에도 괜찮았는데!"

"오늘 얼굴 완전 좋아 보인다! 뭐 발랐어?"

"와~ 옷 진짜 독특하다! 어디서 산 거야?"

"어머, 머리 잘랐네? 딱 너만의 스타일이다!"

2. 성격이나 태도 관련

"넌 참 솔직해서 좋아~ 사람들이 너랑 있으면 재밌겠다."

"항상 열심히 하는 모습 보기 좋아. 너다운 것 같아!"

"넌 정말 유니크해! 남들과는 다르다니까."

"넌 정말 자기만의 세계가 확실한 것 같아."

3. 능력이나 업적 관련

"넌 이런 거 잘하잖아~ 내가 못 따라갈 정도로!"

"와~ 이번에 진짜 대단했겠다! 어땠어? 힘들었지?"

"넌 뭘 해도 참 열심히 한다. 근데 안 힘들어?"

"다들 너 능력 좋다고 얘기하더라~ 나도 그렇게 느꼈어."

4. 상황에 맞춘 가식적 반응

"너 진짜 동안이다! 대학생인 줄 알았어~"

"어머, 너 진짜 인기 많겠다! 어딜 가나 주목받겠어."

"네가 제일 잘 꾸미고 온 것 같아~ 다들 부러워하겠다."

"네가 있으면 모임이 진짜 화사해지는 것 같아!"

가식적인 칭찬은 관계를 겉으로만 좋게 유지하려는 의도에서 비롯될 때가 많다. 하지만 위의 예시들을 보면 공통점이 있는데, 바로 "부정적인 단어"가 없다는 것이다. 모두 "긍정적인 단어"를 사용하고 있는 것인데, 말에 대한 영향력을 기준으로 본다면, 서로가 win-win 할 수 있는 여성들의 독특한 점이다.

흔한 기싸움이라고도 하지만, 저러한 대화가 계속 오간다면? 당연히 순간적으로 기분이 좋을 수밖에 없다. 그리고 다시 만나고 싶은 생각이 들고, 그러면 계속 모임을 가질 가능성이 크다.

내가 사랑하는 아내에게 이런 이야기를 들은 적이 있다.

"친구들끼리 만나면 경쟁해."

"무슨 경쟁?"

"적게 먹는 경쟁."

"그게 무슨 경쟁이야?"

"적게 먹어야 그만큼 살이 찌지 않으니, 서로 먹게 하려고 칭찬하는 경우가 많아."

아직도 이해가 가지 않는다. 아니 이해할 필요는 없다. 남자와 여자는 기본 소프트웨어가 다를 뿐이라고 생각한다. 남자로서는 이해하기가 힘든 부분이다. 하지만 이런 칭찬일지라도 그 만남을 계속 유지하게 한다. 정말 여성과 남성의 차이점은 이렇게나 크다. 생각

자체도 말이다.

반면 남성들이 카페에 모인다고 생각해 보자. 자신의 성공에 대해서 어떻게 하면 이루어 낼 수 있고 행복할 수 있을까? 어떻게 하면 연봉을 더 올리고, 어떻게 하면 내면의 마인드를 바꾸어 풍요로운 인생을 살아볼까? 하는 대화는 거의 존재하지 않는다고 본다. 보편적으로 말이다. 대신 이런 대화가 주로 이어진다. 내 경험이다.
"우리 회사 월급이 너무 짜. 내가 일한 만큼 주지 않아."
"우리 회사 사장 정말 별로야. 복지가 되질 않아."
"이 여자가 어떻고 저렇고, 내 와이프가 맘에 들지 않아."
"그 친구 요즘 뭐해? 잘 안된다던데. 옛날부터 좋지 않아."
그리고 군대 이야기, 스포츠와 관련된 이야기를 하는데, 다들 자신이 가장 힘들었고, 국가대표 감독보다 더 많이 아는 것처럼 이야기한다. 대부분 불평불만의 대화가 이루어진다.

불평불만은 "누가 더 불행하고 힘든가!"에 대해 경쟁하는 말들이 대부분이다. 지금 현재 내가 가장 힘든 일을 하고 있고, 직장에서 혹은 자영업을 하면서 받는 스트레스는 내가 제일 많이 받고 있고, 내가 얼마나 경제적 상황이 나쁜지 등등, 서로가 순위 다툼을 하려고 한다.

알고 있다. 나를 이해해 주고 힘드니 위로해 달라고….

하지만 티베트의 "걱정을 해서 걱정이 없어지면 걱정이 없겠다"는 속담처럼, 걱정을 해서 달라지는 것이 없다면 부정적인 내 "마인드"를 먼저 바꿔야 한다. 자신의 마인드를 긍정으로 바꾸는 것, 그것만이 정답이다. 나도 그러했으니 말이다. 지금은 그런 친구들과 만나지 않아 부정적인 말들을 들을 수는 없지만, 솔직히 말하면 부정적인 대화가 재미있다. 부정적인 대화는 뇌에서 아주 많은 양의 도파민을 생성해 내기 때문에 더 재미있다고 느낀다. 그리고 부정적인 대화는 하기 쉽다는 것이 문제다. 하지만 스스로의 마인드에 또는 잠재의식에게 파괴적인 명령을 내릴 뿐이다.

친구들의 대화를 들으면서 마음속으로는 이런 생각을 할 수 있다. 힘들어서 불평하는 친구가 계속 그런 부정적인 이야기를 하면, 속으로는 '그만두면 되지.' 하면서 겉으로는 위로의 말을 해준다. 그리고 '나하고는 크게 관련 없는 이야기야. 계속 말해. 들어만 줄게.' 한다.

여성들의 모임과 남성들의 모임의 차이가 무엇인지 파악했을 것이다. 칭찬하는 말을 꾸준히 하는 여성들의 모임은 상당히 오래 지속

된다. 하지만 여성도 그렇고 남성도 건설적인 마인드가 있는 사람들은 불평불만을 지속적으로 하는 친구는 서서히 만남을 꺼리게 된다.

이토록 말이라는 것은 정말 중요하다. 말에는 생명력이 있다. '한번 던진 말은 주워 담지 못한다.'라는 속담이 있다. 말 한마디로 기회가 사라질 수 있다. 자신이 얼마나 뛰어나고, 공부를 잘하고, 능력이 좋고, 스펙이 좋더라도 말이다.

그리고 말에는 책임감이 내포되어 있다. 말을 하는 순간 무의식적으로 '이건 내가 내 입으로 말한 것이니 책임감을 가져야 해!'라는 책임감이 생기게 된다.

그래서 거짓말과 부정적인 언어를 많이 쓰는 사람은 변화되기 힘들다. 심지어 꾸준히 거짓말을 하게 되면, 자신의 말에 책임을 져야 하기 때문에 거짓말 더하기 거짓말이 점차 증가한다. 그러다 보면 거짓말과 부정적인 언어를 과하게 사용한 사람은 변화되기가 두렵다.

거짓말을 꾸준히 하게 되면 뇌에서 여러 가지 심리적, 신경학적 변화가 일어나는데, 이는 주로 뇌의 감정 처리와 자기 통제를 담당하는 영역에 영향을 준다. 처음 거짓말을 하면 뇌의 편도체(감정을 처리하는 영역)가 활성화되어 죄책감이나 불안 같은 부정적 감정을 느끼게 된다. 그러나 거짓말을 반복할수록 편도체의 반응이 점차 줄어들며 죄책감이나 불안이 약해지면서 자연스러운 습관으로 형성된다.

거짓말은 진실을 말하는 것보다 더 많은 에너지가 필요하다.
거짓말을 계획하고, 진실을 숨기고, 거짓말을 유지하기 위해 노력하는 과정에서 뇌의 전전두엽(자기 통제와 계획 담당)이 과도하게 작동하는데, 거짓말을 지속하면 인지적 피로가 누적되어 뇌의 자제력과 판단력이 약화될 수 있다.

거짓말을 반복하면 뇌는 이를 "정상적인 행동"으로 학습하고 습관화한다.
습관화된 거짓말은 윤리적 판단을 담당하는 뇌의 전두엽 활동을 약화시켜 거짓말을 더 쉽게 하게 만들고, 거짓말이 발견될 위험에 대한 불안감이 코르티솔(스트레스 호르몬) 분비를 증가시킨다.
반복적인 스트레스는 뇌의 해마(기억과 학습 담당)를 손상시켜, 장기적으로 기억력과 집중력을 저하시킬 수 있다. 거짓말을 꾸준히 하면 뇌는 점차 거짓말에 둔감해지고, 윤리적 판단력을 하기 힘들다.

또한 지속적인 스트레스와 자기 통제력이 줄어들면서 장기적인 심리적, 신경학적 부작용을 초래할 수 있다. 이러한 이유로, 정직함은 뇌 건강과 심리적 안정에 중요한 역할을 한다.

성공한 사람들을 연구해 보면 소리를 내어 외치는 방법을 사용하고 있다는 점을 알 수 있었다. 소리 내어 외치는 것은 나의 잠재의식에 새기는 효과를 가지고 있고, 목표에 대한 의지와 나는 할 수 있을 거라는 자신감이 상승하게 된다. 부정적인 이야기를 자주 하는 사람 중 승승장구하고 성공하는 사람이 있을까? 전혀 없다. 돈은 조금 벌 수 있겠지만, 인생에서 행복과 만족이 없는 사람이 될 뿐이다.

물에는 생명력이 있다는 부분을 설명한 바가 있다. '고마움, 나쁜'이라는 문구를 적고 붙이기만 하여도 물의 결정이 변하는 결과가 오는 것을 그럴지도 모른다가 아닌, 확실한 과학적으로 발견한 부분 말이다. '고마움, 사랑, 행복'이라는 글귀를 붙이면 아름다운 결정으로 변하는 것처럼, 우리가 어떤 말을 하느냐에 따라서 우리 몸속의 물과 건강, 마인드에 엄청난 영향을 준다는 사실을 믿는다면 우리 인생에서 '말'이 얼마나 중요한 부분인지 알게 되었을 것이다.

그러므로 좋은 말은 좋은 사람을 만나게 하며, 성공자를 볼 수 있는 눈이 생기게 된다. 반면 나쁜 말을 하는 사람은 나쁜 사람들과 어울릴 것이며, 성공자를 떠나가게 한다는 점을 명심하자.

성공자들이 사용한 방법을 실행하라

앞서 언급한 바와 같이 성공자들의 책이나 자기계발서에 나오는 성공자들의 성공 방식을 최소한 한 번쯤은 따라 해보자.

내 눈앞에 길이 없는 높은 산이 있다고 가정해 보자. 정상에 오르려면 숲을 헤치고 어디로 가야 할지 모를 수 있다. 그리고 엄청 힘이 들게 된다. 하지만 이미 정복한 성공자들은 그 산의 나무를 베고 돌을 걸러내며 평평한 길을 내어, 사람들이 쉽게 올라갈 수 있는 검증된 길을 만들어 놓았다. 산의 정상에만 올라가면 성공자와 동일시될 수 있다. 어쩌면 내가 동경했던 성공자보다 훨씬 더 크게 성장할 수 있다. 이미 올라간 성공자보다 걸음이 느릴 수도 있고, 체력이 모자라 늦게 올라갈 수도 있다. 하지만 꾸준히 올라가다 보면, 어찌 됐든 정상에 다다른다는 말은 확실한 정답이다. 한 번도 가보지 않은 오지에 여행을 가더라도 가이드만 따라다니면 전혀 문제없이 여행을 마칠 수가 있다.

하지만 성공자들이 길을 개척하고 창조하여 놓은 길을 올라가기만 하면 되고, 그 길을 따라가기만 하면 정상에 도착할 수 있는데, 왜 그게 어렵다고 느껴지는지 답은 나와 있다. 그것은 자신의 고정관념이나 포기, "성공자에겐 특별한 것이 있다."라는 생각이 올라가지 못하게 만드는 것이다.

그 길을 따라 올라가면 조금 늦더라도 정상에 다다르는 것은 확실하다. 여기서 당신의 선택에 초점을 두면 다른 길로도 정상에 오를 수 있는 건 분명하다. 하지만 너무나 힘이 들 것이다. 또 숲을 헤치고 숨어있는 뱀이나 동물을 마주칠 수도 있다. 평평한 올바른 길로 가도 마주칠 수는 있지만, 앞이 잘 보이지 않는 숲보다는 훨씬 안전하다는 뜻이다. 누군가 당신에게 쉽게 "성공하시겠습니까? 아니면 어렵게 성공하시겠습니까?"라고 질문한다면 뭐라고 대답하겠는가? 이것 또한 당신의 선택이다.

항공기는 정확한 궤도와 속도를 유지할 수 없다는 것은 알려진 사실이다.

항공기를 타면 기장이 방송을 한다.

"12시 15분에 서울에 도착할 예정입니다."

하지만 하늘을 날다 보면 난기류와 마주치는 경우가 생기고, 조금

흔들릴 수도 있으며, 정상적인 궤도보다 높이 혹은 낮게 날고 속도를 줄일 수도 있다. 하지만 탑승객들은 어떻게 생각하고 있나?

'정상 궤도에서 1도가 벗어났어! 서울에 제시간에 도착할 수 있을까?'

'정상 속도가 아닌 거 같아! 다른 곳에 착륙하는 건 아닐까?'

과연 이렇게 생각하는 탑승객이 있을까? 대부분 다른 생각 없이 당연히 도착 예정 시간 안에, 또는 조금 지연되더라도 도착할 거라는 확실한 믿음이 있다.

이 말은 즉, 서울로 가는 확실한 목표가 있으면 바람을 만나든지, 구름을 만나든지 간에 목적지에 도착한다는 것이다. 목적지 없이 항공기가 뜨는 경우는 없다. 그 목적지가 정해지면 그 목적지에 갈 것이라는 믿음만 있으면 도착한다는 확실한 사실이 존재한다.

서울로 가는 항공티켓은 '목표'로 설명할 수 있고, 집에서 공항으로 가는 그 길에 대한 책임은 나의 '행동'이고, 내가 예매한 티켓으로 서울에 도착한다면 그것은 바로 '결과'를 의미한다.

성공자들은 '집에서 공항으로' 가는 길을 최대한 빠르고 안전한 길로 우리를 인도하고 있다는 것이다.

어떤 곳에 여행을 가고 싶은지 목표를 정하는 것은 자신만이 할 수 있는 일이다.

즉, 성공자들의 책에 나온 방법들을 실천하라고 말하고 있는 부분은 검증된 방법이기에 하라는 것이다. 또한 요리연구가가 제시한 확실한 황금 레시피를 알고 있다면, 음식을 조리할 때 그 방식 그대로 하면 그 맛이 난다는 것 또한 사실이다.

조금만 틀려도 레시피에 대한 맛이 달라지는 것 또한 사실이고, 다른 첨가물을 넣으면 다른 맛이 나듯이 황금 레시피대로 음식을 조리하고 싶으면 그대로 따라 해야 그 맛이 나온다는 것 또한 법칙이다. 즉, 성공하고 싶으면, 부유해지고 싶으면 그들의 방식을 따라 하면 성공하고 부유해진다는 과학적 근거가 제시되는 셈이다. 반대로 일반적이고 보편적인 방식을 따라 하면 말 그대로 일반적이고 보편적인 인생을 산다는 것 또한 법칙이다.

> "인생의 목적은 다수의 편에 서는 것이 아니라 정신 나간 사람들 사이에서 벗어나는 것이다."
>
> - 마르쿠스 아우렐리우스(Marcus Aurelius)

성공자들의 방식을 따를 것인가? 그냥 보통사람의 방식을 따를 것인가? 이것 또한 당신이 선택할 문제이다.

원하는 것을 효과적으로 생각하는 법

좋은 씨앗은 좋은 열매를 맺는다. 나쁜 씨앗은 당연히 나쁜 열매를 맺는다. 그렇다면 어떤 방식으로 좋은 생각을 해야 하는가?

단순히 '이랬으면 좋겠어. 저랬으면 좋겠어!'가 아니다. 자신이 원하는 바를 정확히 정하여 생각을 해야만 긍정적인 사고방식으로 사고할 수 있다.

"완벽한 목표를 세워놓고 살아가는 자가 당연히 남보다 나은 인생을 살아가게 되어 있다. 반대로, 되는대로 인생을 살아가는 자는 남보다 못한 인생을 살아가게 되어 있다."

- 공자 -

예를 들면, 좋은 일을 하려고 부자가 되겠다는 일반적인 바람만으로 충분하지 않다. 이런 생각은 누구에게나 있다. 여행을 많이 다니고, 사고 싶은 것을 돈 걱정 없이 사며, 잘 살겠다는 바람만으로는 충분하지 않다. 사람들에게 어떤 차를 원한다고 이야기할 때, 당신은 막상 좋은 차를 가지고 싶어서 그냥 좋은 차라고만 이야기하지 않을 것이다. 어떤 브랜드의 차인지, 색상 그리고 배기량, 가족과 함께 탈 수 있는 차 등등 원하는 바가 있을 것이다. 바로 이 부분이다. 조리 있고, 구체적인 생각이 필요하다는 이야기이다.

자신이 두 아들에게 원하는 차를 사준다는 가정을 하고 생각해 보자. 두 아들이 와서 한 아들은 "아버지, 저는 그냥 좋은 차를 가지고 싶어요. 단지 좋은 차." 다른 아들은 "아버지, 저는 이런 브랜드, 색상, 배기량, 가격 등 이런 차를 원해요."라고 말한다.
당신이 아버지라면 어떤 아들의 차를 먼저 사주는 것이 올바를까? 그냥 좋은 차를 원한다고 한 아들에게는 여지없이 질문을 하게 될 것이다.

"좋은 차? 그래서 어떤 차?"

이 말은 즉, 생각이 현실이 되는 점을 생각한다면 그냥 좋은 차를 원하는 아들의 목표는 목표가 아니다. 원하는 바가 있다면 확실하게 원하는 것을 받을 수 있도록 구체적으로 원해야 한다.
하지만 대부분의 사람들이 원하고 있는 것은 '그냥 잘살았으면 좋겠어! 먹고 살 만큼만 벌었으면 좋겠어!'이다.

이러한 생각들을 조심해야 한다. 정말 딱 먹고 살 만큼만 벌게 되든지, 아니면 매일, 매주, 매달 빚에 허덕이며 살 수 있다.

나는 "생각의 힘"에게 등을 돌렸던 때가 있었다. 현실의 벽, 돈의 벽, 가장의 책임감으로 잠시 포기했던 적이 있었다. 계좌에 0원이 있는 상황에서 사랑하는 우리 아들의 기저귀조차 구입할 수 없다는 현실에 나의 마음은 순식간에 무너져 버렸다. 그리고는 그 순간 바로 했던 생각이 "그냥 하루하루 벌고 살아도 되고, 아니면 한 달에 200만 원이라도 벌고 싶다."였는데, 그 순간 나의 뇌는 방법을 알려주고 나를 행동하게 만들었다. "생각의 힘"이 가장 잘 발휘되는 것은 바로 "간절함"인데, 나는 그 "간절함"을 하루하루 벌어 먹고사는 사람으로 만들어 달라고 소원했다. 어렵겠지만 나의 경험으로는 힘들 때 하는 생각이야말로 정말 조심해서 해야 하고, 긍정적인 생각을 할 수 있게 마인드를 훈련해야 한다. 정말로 이루어지기 때문이다.

많은 사람들은 이런 생각을 할 것이다.
　"아, 그냥 걱정 없이 잘 살았으면 좋겠다."고.
내가 하나님이라면 이런 질문을 하겠다.

"그냥 잘살았으면 좋겠어? 어떻게 잘살고 싶은 거냐? 정확한 목표가 없으면 너는 현재 그대로 계속 살 수밖에 없다."

"먹고살 만큼만 벌었으면 좋겠어? 얼마를 벌어야 먹고 살 만한데? 정확한 액수를 정하기 전에는 지금 현재 그대로 계속 살아야 한다."

원하는 바를 생생하게 그리기 위해서는 구체적이어야 한다.

성공한 사람들의 특징은 무엇이든 원하는 것이 확실하다는 점이다. 당신 앞에 지금 하나님이나, 모든 걸 해줄 수 있는 신이 나타나서 "지금 원하는 것을 들어주겠다. 단 10초 안에 말해야 한다. 구체적으로!"라고 한다면 구체적으로 이야기할 수 있는 원하는 바가 있는가? 이 부분이 바로 부유한 자와 가난한 자의 차이점이라고 할 수 있다. 원하는 것(일)을 정할 때, 가장 간단하고 흥미를 유발하는 방법이 있다.

내가 믿는 하나님을 예로 들겠다. 하나님이 나에게 나타나셔서 "한 가지 일은 반드시 성공한다. 무엇을 선택하든지 절대로 실패하지 않는다. 무슨 일을 하겠냐!"고 물어보신다는 가정을 해보자. 자신들이 믿는 신을 가정해서 생각해 봐도 무방하다. 믿는 신이 없다면 우주를 기준 잡아도 무방하다. 참 매력적인 선택사항이라고 생각한다. 한 가지 일은 절대로 실패하지 않고 성공한다는 생각만 해도 행복한 감정이 올라온다.

만약 당신이 절대 실패하지 않고 무조건 성공하는 단 한 가지가 있다면, 평생 어떤 일을 하면서 살고 싶은가? 바로 지금 한번 눈을 감고 생각해 보길 간절히 부탁한다.

성공자들은 항상 명확한 목표를 생각하고 꾸준히 그 생각과 목표를 유지한다. 가난한 자들은 명확한 목표가 없다. 자신이 처한 현실만을 생각해서 목표를 잡을 수가 없다는 것이다.

"생각하는 대로 살지 않으면 사는 대로 생각하게 된다."

- 폴 발레리

지금 내가 가난하다고 해서 "내가 가난한 건 현실이야. 벗어나기 힘들어."라고 생각하면, 미안하지만 평생 그렇게 될 것이다. 왜? 원하는 바가 없기에 하나님이 계셔도 들어줄 수 없다. 또는 아내나 남편이 원하는 부분을 알아서 마음을 읽어 척척 마련해 줄 수 있을까? 원하지 않으면 알 수가 없다. 생각도 그러하다. 내가 생각하지 않으면 미래에 어떤 부분도 좋아질 수 없다는 점이다.

그리고 가장 중요한 점을 이야기하겠다. 정말 원하는 바를 생각하고 구체적으로 상상하면 분명히 법칙처럼 감정이 생겨난다. 행복, 즐거움, 기쁨과 사랑, 환희, 감동 등, 이러한 감정이 생겨나지 않는다면 자신이 정말로 원하는 것인지 다시 한번 생각해 봐야 한다고 말해주고 싶다.

가장 이해하기 쉬운 "돈"을 예로 들어서 생각해 보자.
지금 나에겐 수중에 100만 원이 있다. 관리비를 내고, 먹을 음식과 옷을 사고, 난방 값을 내면 정말이지 빠듯하게 생활할 수 있을 것이다. 그런데 나에게 매월 1억 원이 생긴다는 생각을 한번 해보자. 상상을 하면 이런 생각이 들 것이다. '이것도 사고, 저것도 사고, 너무 행복할 거 같아!' 기분 최고인데?'라는 생각 말이다. 여기서 단순한 생각보다는 그 1억 원이 지금 나에게 있다는 가정을 해보라. 있는 척을 해보라는 말이다. "없는데 어떻게 있는 척을 합니까?"
생각으로 가정해 보란 뜻이다. 현실로 나가 1억 원을 대출하라는 뜻이 아니다. 빚을 내어 몇천만 원 하는 차를 사라는 말이 아니다. 생생하고 구체적인 생각으로 해보란 것이다.

내가 생각하는 방법을 적어보겠다. 매월 1억 원이 통장에 들어온다는 가정을 해보면, 일단 양가 부모님들께 경제적인 상황으로 끼치는 걱정은 사라질 것이다. 그리고 부모님들께 "저 성공했습니다. 제가 말씀드렸지 않습니까?"라고 하면, 부모님들은 어쩔 줄 모르며 나를 축하해주실 것이다. 그때의 기분은 정말 최고일 것이다. 다음으로 내가 사랑하는 아내와 백화점에 가서 사고 싶었지만 비싸서 사지 못했던 것들을 한 번쯤은 양손 가득히 쇼핑백을 들고 집으로 돌아올 것이다. 그리고 매월 1억 원이 들어오고 있으니, 매년 3회 이상 우리 가족들과 부모님들과 함께 해외여행을 갈 것이다. 동남아와 유럽으로!'

이러한 방식으로 매일 2회 이상 생생하게, 그리고 마치 지금 1억 원이 있는 것처럼 하면 현실이 아니기 때문에 즐거워지지 않을 것 같은가? 무슨 소리! 정말 즐겁다. 이 방법을 실천해 보라는 이유는 절대로 손해 보는 일이 없다는 것이고, 앞서 이야기한 망상활성계와 신경가소성에 엄청난 영향을 주는 행동이기 때문이다. 위의 방식대로 자주 생각해 보는 것은 나의 뇌에게 명령을 내리는 행위이다.

나도 1억 원이 어떻게 매달 나의 통장에 들어올지는 모른다. 방법을 전혀 모른다. 그냥 원하기만 하면 방법은 반드시 떠오른다. '나

이렇게 되고 싶어, 그러니 방법을 찾아라!'

명확한 목표가 흐릿하다면, 1억 원이라는 돈을 목표로 잡아라. 매월 1억 원의 수익이 들어오는 생각을 꾸준히, 그리고 포기하지 않는다면, 나의 뇌는 반드시 1억 원을 벌 수 있는 "아이디어"를 나에게 전송한다. 전송한 그 아이디어는 순간적으로 떠오를 수 있고, 꾸준히 떠오를 수도 있는데, 그 기회를 잡고 1억 원에 맞는 행동과 실천을 한다면, 당신은 반드시 매월 1억 원을 가지게 된다.

- "물질적인 풍요로 인한 행복은 그리 오래가지 않는다. 하지만 물질이 부족하면 나에게 자유는 없다."

생각의 핵심은 원하는 바를 지금 가진 것처럼 가졌을 때의 감정을 즐기는 것이다. 좀 더 구체적으로 생각할 수 있는 방법은 또 있다. 눈을 감고 상상한다. 화장실로 가서 냉수를 튼다. 그리고 냉수로 세수를 한다고 생각하면 시원하다고 느껴진다. 처음에는 생생하게 시각화하기는 힘들 수 있다. 하지만 우리 인간에게는 "반복"에서 얻을 수 있는 대단한 능력이 존재한다. 꾸준히 반복하다 보면 습관으로 자리 잡히고, 그것이 바로 "잠재의식"에 각인되면 저절로 이루어진다.

누군가 당신에게 "지금 자신의 집 화장실을 떠올리지 마시오!"라고 하는 순간, 당신은 화장실을 떠올렸을 것이다. 그것은 생생하게 즉각적으로 그릴 수 있도록 구체화되어 있다는 말이다.

분명히 말할 수 있는 것은 자신이 원하는 만큼의 금액을 생각해야만 그 돈이 들어올 상황들과 기회가 생기고, 그 원하는 돈이 나에게 왔을 때에도 통제를 할 수 있어 바람직하게 쓸 수 있다는 것이다. 반면에 복권 당첨자들이 통제와 관리능력이 준비되지 않았기 때문에 계속 부유하지 못하고, 통계적으로 복권에 당첨되기 전보다 더욱더 힘든 삶을 살아가게 되는 것이다.

바로 이 부분이다. 자신의 돈에 통제력이 없는 사람은 곧 가난한 사람이 되어간다. 즉흥적으로 그 돈을 소비하기 때문이고, 돈을 담을 그릇이 너무 작기 때문에 넘쳐흘러 버린다. 원하는 것과 원하는 돈이 생겼을 때, '무엇을 하고 뭘 해야지.'라고 최소한의 기준을 정해놓는다면, 그 돈이 들어왔을 때, 확실히 내가 원하는 바를 알기 때문에 어느 정도 통제가 가능한 것이다.

부자들은 돈을 잘 통제하고 관리한다. 가난한 사람들은 돈에 대한 통제가 없고 관리하지 못한다. 저축만 하려고 하기 때문에 풍족함을 느낄 수가 없다. 저축이 나쁘다고 말하는 것은 아니다. 올바른 저축은 나의 인생에 원동력이 된다. 하지만 명확한 목표 없이 그냥 저축만 한다면, 내가 예상하지 못하는 경로로 나의 돈은 아주 빠르게 사라질 것이다.

 확실한 건 원하는 것에 목표를 잡고 거기에 맞는 돈을 생각해야 한다는 것이다. 단지 '돈을 벌고 나서 원하는 걸 사야지.' 하는 것은 맞지 않다. '돈을 벌면 원하는 것을 사야지.'라고 생각해 본 적이 있을 것이다. 대부분은 구매하지 못한다. 구매하더라도 빚을 내거나 자신의 능력을 벗어난 경제력으로 구입할 것이다. 그리고 그 결과는 다음 달에 찾아올 카드 값을 걱정하게 만든다.

원하는 것이 생겼을 때야말로 거기에 맞는 생각과 계획과 행동이 나올 수 있는 것이다. 어느 정도 벌고 나서 생각하자는 것은 참으로 어리석은 짓이다. 어느 정도라는 마음을 가지는 순간 생생하고 구체적인 생각은 절대 할 수 없다. "어느 정도"라는 때는 평생토록 오지 않는다. 그래서 '어느 정도 벌면 무엇을 하겠다.'고 하는 사람들을 유심히 살펴보면 모두 가난한 자들이다.
'생각은 무료다.'
생각은 돈이 드는 것이 아니다.

그렇다면 '생각은 무료다.' 생각하는 데 돈이 들지도 않고, 당신은 자신의 생각을 조정할 수 있다.

"넌 지금의 현실이 가난하니 부유해지는 생각을 하는 건 죄야!"라고 자신에게 부정적인 생각을 던지는가? 그렇다면 자신의 현재부터 미래를 저주하고 있는 것이다. 지금 가난하다면 부유한 생각으로 바꿔야 하고, 성공자라면 더 큰 성공자가 되기 위해 또 생각하고 목표를 설정해야 한다.

당신이 부자가 되면 될수록 자신이 인식하지 못하더라도 다른 사람들을 돕고 있는 것이다. 부자가 되면 되는 만큼 소비도 많아진다. 그 소비로 인해서 먹고사는 사람들이 생겨나는 것이다.

'생각은 무료다.'

단지 즐거운 생각을 하는 것만으로 행복하고 기분이 좋아진다면, 무료로 오래 살 수 있고 건강해진다는 결론이 나온다. 그렇다면 하지 않을 이유가 없다.

생각의 크기는 어때야 할까? 생각의 크기를 그릇이라고 가정하자.

"난 한 달에 200만 원이 목표야!" 200만 원을 담을 수 있는 그릇이다.

"난 한 달에 1억 원이 목표야!" 1억 원을 담을 수 있는 그릇이다.

두 그릇의 차이는 아주 확연하다.

자! 그럼 200만 원과 1억 원을 현금으로 바꾸어 자신의 그릇에 담도록 해보자. 200만 원을 생각한 그릇은 200만 원이 넘는 돈을 담을 수가 없다.

반대로 1억 원을 생각한 그릇은 200만 원보다 9천800만 원을 더 담을 수 있다. 또한 200만 원이든 1억 원이든 설정한 만큼만 담을 수 있다. 당신은 얼마만큼의 그릇을 가지고 싶은가?

복권에 당첨된 사람들을 예로 들어보자.

복권에 당첨된 사람들의 대부분은 시간이 지나면서 빈 통장이 되어 다시 과거의 그때로 돌아가든지, 아니면 복권에 당첨되기 전보다 더 빈곤한 상태가 된다. 안타깝지만 당첨된 사람들의 대부분이 그렇다. 왜 그렇다고 생각하나? 일단 첫 번째로 복권에 당첨된 사람들의 대부분은 복권에 당첨되는 순간, 자신의 일을 그만둔다. 이 말은 자신의 일보다 돈이 우선시된다는 뜻이다. 한마디로 요약하자면, 자신이 진정으로 원하는 일을 하지 않는다는 것이다.

그리고 자신의 마인드, 즉 능력을 벗어난 갑작스런 사업, 투자를 시작하면서 더 많은 빚을 지게 된다. 작은 그릇으로 많은 돈을 담을 수 있다는 '망상'에서 비롯된다.

작은 그릇을 가지고 있는 복권 당첨자는 작은 그릇에 당첨금을 절대 담을 수가 없다. 넘쳐흘러서 다 도망가고 작은 그릇에 담길 정도만 남을 것이다. 갑자기 복권에 당첨되어 돈이 생기는 순간, 하고 싶은 것을 생각한다. 그런데 이 방법은 잘못되어도 한참 잘못된 것이다. 금융지식, 사업 마인드, 경제 흐름을 잘 알지 못한 상태에서, 자신이 통제하고 관리하지 못하는 돈이 들어오면 어쩔 줄 모른다.

복권에 대한 이야기를 좀 더 하자면, 혹시 독자들은 성공자들이 복권에 당첨됐다는 소식을 들어 본 적이 없을 것이다. 성공자들 또는 성공 마인드를 가진 사람들은 "요행" 그리고 "한 방"이라는 것을 절대로 바라지 않고 기대도 하지 않는다. 다행히 나도 아직 로또 복권을 한 번도 구입해 보지 않았다. 나의 멘토이신 아버지의 가르침 "요행을 바라는 것은 성공이 아니다."가 나의 잠재의식에 깊숙이 각인되어 있기 때문이다. 성공이라는 것은 작은 성공이 모이고 모여서 거대한 성공으로 완성되는 일이다. 성공이라는 것은 절대로 "한 방"은 없다. 성공의 사다리에 올라가기 위해서는 수많은 실수와 실패들이 발판을 만들어 줘야 올라갈 수 있다. 원하는 바를 설정해야 돈을 버는 의미가 생기는 것이다. 하지만 대부분이 돈을 벌면 원하는 것을 해야겠다고 생각한다. 도대체 얼마를 벌어야 원하는 것을 할 수 있느냐는 질문을 하면 뭐라고 대답할 수 있겠는가?

"보이지 않는 과녁은 아무리 명사수라도 맞출 수 없다."

미국에 700만 달러(대략 75억 원)의 복권 당첨금을 받은 사람이 있었다. 이 사람은 고등학교 과학 선생님이었다. 그 당첨자에게 사회자가 물었다.
"당신은 당첨금으로 어떤 인생을 사실 건가요? 무얼 하실 건가요?"
"일주일 휴가 내어 휴식하고, 다시 일터로 돌아갈 거예요."

정말 멋진 사람이다. 다시 돌아간다는 말은 정말 자신이 하는 일에 가치를 느끼고, 즐거움과 만족감을 느끼기에 돈이 많더라도 원하는 일을 선택한 것이다. 다만 이제부턴 좋은 집에서 살고, 좋은 차를 몰겠지만 말이다.
이 사례처럼 자신이 정말 원하는 일을 하고 있다면, 돈의 크기와 어떤 일들과 관계없이 원하는 일로 부유해지기를 바라게 된다는 것이다. 그리고 확실하게 말하는 것이지만, 자신이 정말로 원하는 일을 하게 된다면, 부는 자연스레 따라온다.

《부의 비밀》이라는 책에는 이런 내용이 나온다. "당신이 잘하는 것을 선택하면 빨리 성공한다. 하지만 당신이 원하는 것을 선택하면 행복하게 성공한다." 정말 최고의 명언이라고 생각한다.
하늘에서 뚝 떨어지든지, 갑자기 생기든지 충분하게 받을 수 있는 자신의 그릇을 크게 키워야 한다고 말해주고 싶다. 성공의 기회는 대부분 우리가 예상하지 못한 순간에 다가오기 때문에, 받을 준비를 한 사람만이 그 기회를 잡을 수 있다.

세상은 자신이 원하는 만큼만 주도록 설계되어 있다. 가령 아주 쉬운 예로, 약수터에 물을 뜨러 가면서 500리터 물통을 들고 간다면 500리터만큼만 들고 올 수밖에 없다. 아무리 노력하고, 땀 흘리고 정직하게 열심히 물을 뜨러 간다고 해도 500리터가 한계다. 많이 담기 원한다면 큰 통을 준비해야 한다는 사실이다.
하지만 대부분의 사람들은 크게 원하는 것은 좋지 않다고 생각한다. 크게 원하는 것은 욕심이라 생각하고, 내가 지금 받을 권리가 없다고 생각한다.
작게 생각하는 것, 즉 충분히 가능할 거 같은 목표는 목표가 아니다. 단지 스케줄일 뿐이다.

크게 생각하는 것은 욕심이 아니라 욕망이다. 욕망은 누구에게나 전부 가지고 있는 마음인데, 더 원하는 것은 절대로 잘못된 행동이 아니다. 그리고 내가 가진 욕망은 내가 그 일을 이룰 수 있는 능력이 있기 때문에 생각을 하게 되는 것이다. 그렇다면 도대체 어떤 사람들만이 많이 받을 수 있도록 기준을 정해놓은 것인가? 이러한 기준은 사회가 정해놓은 기준일 뿐이니 무시하면 된다.

똑똑한 사람이 많이 받을 수 있다고 생각하는가?

성적이 좋은 사람이 많이 받을 수 있다고 생각하는가?

아니다. 시작하기 전, 지식이 없고 환경이 최악이라도 부자가 된 사람은 많고, 재능이 뛰어나거나 성적이 좋은 사람도 가난한 사람이 많다. 이 말은 즉, 받을 권리는 누구에게나 다 있다는 말이다. 하지만 당신도 받기 위한 생각, 행동을 꼭 해야 한다는 걸 명심하라.

원하는 것을 생각하고 이루려 한다는 '의지'가 필요하다. 생각하지도 않고 단지 그냥 일확천금을 원한다면 도대체 그 누가 당신에게 일확천금을 주겠는가? 죽을 때까지 평생 그런 일은 없을 것이다. 중요한 요점은 원해야 받을 수 있고, 받을 수 있는 마음가짐이 있어야 원하는 것이 생겼을 때, 받을 수 있다는 말이다. 명심해야 한다.

가난해지고 싶지 않다면 크게 생각하고 크게 원해야 한다.

크게 생각하고 크게 원해야 하는 이유를 설명해 보면, 나의 생각 범위 내에서 가능하다고 판단되는 것은 성공으로 가는 감정을 가지는 것에 대해서 에너지가 너무 약하다. 충분히 내 생각으로 계산이 되는 것을 목표로 잡는다면 행복한 감정이 올라오기 힘들 것이다. 내가 할 수 없을 목표, 현실에서는 가능하지 않을 거 같은 "큰 목표"를 잡아야 한다. 목표를 잡았다면, 그때부터 나의 뇌는 방법과 실천할 수 있는 것들은 나에게 전송하기 시작한다. 현실적으로 가능한 작은 성공을 생각하면 작은 결과를 만들어내지만, 작은 만큼 감정 또한 작은 감정이 생겨나기 때문에 중도에 포기할 가능성도 커진다.

하지만 큰 성공을 원하면, 방법은 알 수 없지만 큰 성공을 생각하는 만큼 큰 감정이 나를 지배하고, 큰 성공의 과정을 조금씩 이뤄 나가는 것을 경험할 때 가속이 붙는다.

모든 것은 "생각"에서 시작된다. 그러니 우리는 긍정적인 사고를 하기 위해서 부단히 노력해야 한다. 부단히 노력하고 반복을 하다 보면 습관이 되고, 습관이 되면 잠재의식은 우리를 성공의 길로 안내할 것이다.

목표를 설정하고 달성하는 법

내가 원하는 것을 목표로 잡는 방법을 소개하려고 한다.

사람마다 원하는 목표설정의 의미는 개인차가 있다. 하지만 원하는 목표를 설정하려고 할 때, 아무런 노하우가 없다면, 이러한 방법도 한번 시도해 볼만하다.

먼저 "내가 정말 하기 싫은 일"을 글로 적어본다. 목표설정 과정에서 내가 하기 싫은 일을 적어보는 것은 자기 자신에 대한 이해를 깊게 하고, 목표 달성을 더 효과적으로 도와주는 유용한 방법이다.

내가 하기 싫은 일을 적으면 자신의 가치관, 취향, 약점 그리고 불편함을 명확히 이해할 수 있다. 이는 무엇을 피해야 하고, 어떤 방식으로 접근해야 하는지 목표를 설정하는 데 도움을 준다. 하기 싫은 일과 피해야 할 일을 명확히 하면, 에너지를 보다 원하는 목표에 집중할 수 있다. 반대로, 목표 달성을 위해 불가피하게 해야 할 일이 있다면, 이를 인지하고 관리할 방법을 찾을 수 있다. 하기 싫은 일은 목표를 달성하는 데 잠재적 장애물이 될 가능성이 크기 때문에 미리 적어보면, 그 장애물을 해결하거나 극복할 수 있는 방법을 모색할 수 있다. 하기 싫은 일을 적고, 목표 과정 중 싫은 일이 있더라도 극복했을 때 얻을 긍정적인 결과를 상상하면 동기 부여가 높게 생성된다.

자신이 싫어하는 일을 파악하면 목표 달성 계획을 좀 더 현실적으로 세울 수 있는데, 이를 통해 비현실적인 계획으로 인한 실패와 좌절과 고난을 어느 정도 예방할 수 있다.

하기 싫은 일을 적어보는 과정은 목표 달성의 현실적인 방해 요인을 미리 파악하고, 이를 극복하거나 효율적으로 관리할 수 있는 방법을 찾도록 한다. 이는 자기 인식과 계획 능력을 높이고, 목표를 더욱 효과적으로 달성하게 해준다. 두서없이 적어도 상관없다. 싫어하는 일을 적었다면 이제는 반대로 내가 원하는 일을 적어본다.

원하는 것을 생각할 때, 이미 나의 생각은 내가 원하는 것들, 내가 가지고 싶은 것들로 가득하다. 여기서 좀 더 노력해야 할 것은 이 몇 가지 중에서 진정으로 원하는 것을 골라낸다. 그리고 목표로 삼는다. 그 방법은 조용한 방이나 차에 들어가서(혼자 있을 수 있는 곳)

내가 원하는 모든 것을 적고 붙인다. 차에서는 붙이기 힘들 수 있다. 그래서 나는 컴퓨터로 작업한 이미지를 휴대폰 갤러리 즐겨찾기에 넣어 두어 쉽게 볼 수 있게 해 놨다. 그리고 구체적으로 생각하려 노력한다. 구체적으로 생각하기는 어렵지 않다. 조금만 조사를 하고 찾아본다면 구체적인 방법 또는 이미지가 충분히 떠오를 것이다.

예를 들어, 원하는 것이 10가지라고 가정했을 때, 10가지 전부 나름 구체적으로 최종결과까지 생생하게 생각하려 노력한다. 여기서 나는 나눠진다. 어떤 목표를 생각했을 때, 내 몸 스스로 변화가 올 때가 있다. 너무 벅찬 감동이 오거나, 눈을 감고 상상하는데 내 입꼬리가 올라가거나, 그리고 너무 멋진 일이라는 환상이 머릿속에 가득 찰 때가 있다. 나는 이것을 목표로 잡는다. 하지만 반대로 전혀 감동이 없을 때도 있다. 그리고 생각 자체가 명확하게 되지 않고 뭔가 흐릿한 느낌이 들 때가 있고, 원하는 것을 가졌을 때 행복하고 즐겁지 않은 기분이 들 때도 있다. 이것은 목표로 일단 접어 둔다. 접어 둔다는 것은 포기한다는 뜻이 아니다. 명확하게 내가 원하는 것을 생각하기 위해서 우선순위에서 밀려나는 것뿐이다. 그리고 나에게 행복이라는 감정을 주는 것에 집중하기 위해서이다. 꾸준하게 생각할 수 있는 방법은 내가 행복한 감정을 느껴야 된다.

선명하게 상상할 수 있는 최고의 방법은 직접 보고 느끼는 것인데, 쉽게 접근할 수 있는 곳은 집과 자동차가 있을 것이다.

내가 바라고 원하는 "집"이 떠올랐다는 것은 자신이 시각적(직접 보거나 잡지, 매스컴을 통해)으로 본 적이 있는 집이다. 그렇다면 시간을 내서 직접 가서 보고 느끼는 것이다. 아니면 해외에 존재하거나, 해외에서 멋진 집에서 살아가는 상상을 한다면, 한 번의 검색만으로도 수많은 이미지가 내 눈앞에 나타날 것이다. 아니면 새로운 나의 집(아파트)을 꿈꾼다면, 내가 원하는 브랜드의 모델하우스에 가서 직접 보고 상상하는 것이 가장 좋은 방법이다.

그리고 "자동차" 또한 선명하게 시각화하기 좋은 예인데, 나는 그것을 직접 경험했다.
내가 원하는 벤츠를 얻기 위해서 내가 생각한 가장 멋진 이미지를 프린트하고 내 방 전체에 붙인 뒤 상상했고, 특히 내가 원하는 차를 타기 전의 차에서까지도 벤츠가 아닌데도 불구하고 운전할 때마다 벤츠라고 생각하면서 운전할 수 있었다. 그것은 직접 "시승"해 봐서 가능했다. 시승을 하면 엔진소리, 가속 성능, 브레이크 성능, 실내디자인, 코너링, 옵션 등, 이 모든 것들을 직접 느끼고 시각화를 시작하면 누구보다 선명하게 상상할 수 있다.

5개가 원하는 목표라고 가정하면, 가끔은 1~2개 정도는 도중에 바뀌는 일이 있다. 구체적으로 생각을 계속하다 보면 좀 더 디테일하게 생각할 수 있는 능력이 저절로 생긴다. 그러다 보면 원래 원했던 목표보다 더욱더 발전할 때, 그 꿈을 변경 혹은 조정한다. 원하는 부분의 근본은 변하지 않지만, 예를 들어 강사가 목표였는데 구체적으로 생생하게 그리다 보니 '책을 쓰면 더욱더 나의 강의에 도움이 되겠고, 여러 가지 길이 열릴 수 있겠구나!'라는 생각이 들면 추가하기도 한다. 그래서 꾸준한 생각, 구체적인 생각을 해야 하는 것이다. 그러다 보면 내가 진정으로 원하거나, 즐거운 목표를 설정하는 데 큰 도움이 된다. "이건 정말 원하는 것이야!"라고 생각하고 며칠이 지나면 흐릿해질 때도 있다. 그때는 생각해 본다. 내가 진실로 원하는 게 맞는 건가? 하고. 하지만 내가 깨달은 건 내가 행복해하는 목표일수록 하기 싫어도 자동적으로 뚜렷해진다는 뜻이다.

원하는 목표를 설정할 때, 나는 나의 감정과 기분에 많은 중점을 둔다. 이 두 가지에 중점을 두고 원하는 것을 목표로 할 때, 열정이 쉽게 식지 않는다.

즐거운 목표를 설정한다는 건 정말 인생에서 가장 힘든 일일 수도 있다. 아니 힘든 일이다. 하지만 즐거운 목표를 가지는 순간, 인생은 완전히 바뀌어 버린다. 각자만의 방식으로 원하는 것을 설정하면 가장 좋지만, 그러기 힘든 사람들은 성공자들이 목표로 잡은 노하우를 따라 해봐야 한다.

꿈과 목표는 현재 위치에서 출발해야 한다

'생각이 현실이 된다.'라는 부분을 조금 다르게 오해해서 '그래, 내 꿈을 찾아야 해! 지금 다니고 있는 회사는 나랑 맞지 않아!'라고 생각하고 즉시 그만두려는 마음이 있다면, 바람직하지 않다고 말하고 싶다.

여기저기서 새로운 것을 찾거나 특별한 행동을 해서 자신의 꿈을 찾아가는 첫 단계를 밟으려 하지 마라. 당분간은 해왔던 일을 하게 될 가능성이 높다.

지금 당신이 어떤 회사에 다니고 있는데, 그 회사에서 맡은 일이 자신의 적성에 맞지 않다고 해서 그만두지 말고 자신에게 맞는 회사나 일을 찾기 전까지 기다렸다가 행동하라는 말이다. 자신에게 맞지 않는 회사에 다닌다고 해서 실망하거나 좌절하지 마라. 당신이 서 있는 지금 그 자리에서 구체적으로 자신이 원하는 바를 생각한다면, 그 지금의 일터에서 당신의 꿈과 부합하는 상황이 생길 것이다. 지금 다니고 있는 회사나 사업, 자영업이 당신이 원하는 것이 아니라면 현재의 일을 꿈으로 나아가기 위한 발판으로 삼으라는 말이다. 꿈을 위해 지금 하는 일을 과감히 포기하고 시작해도 상관은 없다. 하지만 인간은 현재 하는 일에 대한 수입을 포기하고 내가 원하는 것을 찾아간다고 생각하는 순간, "두려움"이라는 감정이 제일 먼저 앞서게 된다. 이러한 감정을 잘 컨트롤하고 죽기 살기로 하면 무조건 가능하다고 용기를 주고 싶지만, 마인드 훈련이 되어 있지 않다면 현재 상황에서 꿈꾸고 생각하며 나 스스로를 개발해야 한다.

끌어당김의 법칙(유인력)이란 세상의 모든 상황과 일에 이유를 심어 두었다. 원하지 않는 일에 종사하면서 당신의 꿈과 목표를 찾게 해 주었다는 말이다. 유인력, 즉 우주는 당신이 원하는 것을 구체화했을 때 가장 빠른 지름길로 인도한다.

나 또한 현재의 "일"이 나와 함께 평생 갈 수 없고, 솔직히 내가 싫어하는 일의 종류다. 하지만 이 "일"로 인해서 나의 꿈을 확장하고 마인드 훈련을 해야 한다는 마음가짐을 가지게 만든 가장 큰 동기가 되었다. 여기서 중요한 것은 "내가 정말 하기 싫은 일"로부터 동기를 얻고 내가 원하는 목표를 설정하게 되었다는 것이다.

내가 바라는 꿈은 많은 사람들에게 영향력과 인생에 큰 도움을 줄 수 있는 "강사"다. 일반적인 강사보다는 "스타강사"를 꿈꾼다. 그리고 "베스트셀러" 작가를 이루기 위해서 전진 중이다.

나의 꿈을 먼저 이야기한 이유를 들려주려고 한다.

5년간(직장인 4년 + 개인사업자 1년) 똑같은 일을 하면서 5년 차가 되었을 때, 나의 마인드는 변화하기 시작했고, 내가 원하는 삶을 찾기 위해서 8년 전 가슴속에 묻어 두었던 생각의 힘을 다시 끄집어내어 마인드 훈련을 하고 또 했다. 항상 성공자의 오디오를 하루에 최소한 6~8시간 이상 듣고, 하루에 꼭 성공서적을 30분~1시간은 읽고, 목표를 구체적으로 적고, 보고, 외치고를 반복하였다.

나는 개인사업자로서 많지는 않지만 두 가지 일에서 수익을 올리고 있었는데, 올바른 마인드를 연습하던 중 갑자기 한 가지 일을 못하게 되었다. 일방적인 통보였다. 하지만 부정적인 생각이 슬슬 잠식해 갈 무렵, 나는 최대한 빠르게 긍정적인 부분을 찾기 시작했다. 찾기 시작하고 나서 일주일 정도 지났을 때, 바로 긍정적인 부분이 찾아왔다.

긍정적인 부분은 바로 나에게 여유 "시간"이 생겼다는 것이다. 한 가지 일이 사라져서 수익은 줄었지만, 그만큼 내가 책을 좀 더 집중해서 쓸 수 있는 "시간"이 주어졌다. 그러곤 생각했다. "와, 대박이다. 베스트셀러 작가가 되는 꿈을 꾸었을 뿐인데, 책을 쓸 수 있는 시간이 주어지다니!" 하며 감탄했다. 사람들은 이렇게 생각할 수도 있다. "수익이 줄었는데 좋아해?"라고.

하지만 어느 정도의 수익보다는 내 목표가 훨씬 더 소중했다. 그렇기 때문에 나의 "마인드"엔 아무런 문제가 되지 않았다.

분명 내가 하는 일은 내가 좋아하지 않는 일은 분명한데, 나의 마인드가 바뀌고 나서는 일을 바라보는 시각이 "목표로 가는 즐거운 과정"으로 바뀌었다.

물은 위에서 아래로 흐른다. 하지만 당신이 원하는 것이 지금의 일과는 무관하다고 해서 물을 위로 흐르게 하려고 하지 말라는 이야기이다. 물을 위로 흐르게 하려면 엄청난 노력과 고난과 역경이 따라오게 된다.

현재 이 책을 쓰고 있는 나 또한 일을 하면서 틈틈이 시간을 만들어서 쓰고 있다. 내가 원하지 않는 일을 하고 있지만, 아이러니하게도 일을 하면서 발생한 수익은 우리 가족이 살아가는 데 필요한 금전적인 문제를 어느 정도 해결해 주고 있다. 그러나 중요한 것은 가족이 있는 사람인 경우, 갑자기 수입이 사라지게 되면 훨씬 더 두려울 것이고, 그 두려운 감정은 성공에 전혀 도움이 되지 않는다는 것이다. 내가 부양해야 할 가족이 없는 사람이라면 현재의 수입으로 자기계발에 힘쓰면 된다. 그 돈으로 책을 사고, 세미나와 강의를 들으러 다니면서 스스로를 개발하면 충분하다.

지금 하고 있는 당신의 일을 꾸준히 하면서 원하는 것을 생각하고 구체화시켜라. 그럼 당신의 꿈이 예상치 못하게 당신에게 다가온다. 지금 현재의 자리에서 당신의 꿈을 구체화하고 의도적으로 항상 생각해라. 당신도 모르게 당신의 꿈의 과정들이 다가올 것이다. 그 기회를 잡아라. 현재의 자리에서 말이다.

나의 감정에 "부담"이라는 녀석에게 먹이를 주면 문제가 발생한다. "부담"이라는 녀석을 강력한 동기로 사용할 수 있다면, 아주 바람직하지만 대부분은 "두려움"으로 변질된다. 꼭 내가 지금 현재 하고 있는 일을 유지하면서 내 목표를 향해 나아가야 한다.

내가 원하는 목표를 점진적으로 이루어 나가면서 현재의 수익과 비슷하든지, 조금이라도 더 벌 수 있게 되면 그때 내가 원하지 않는 일에서 벗어나는 것이 리스크를 줄일 수 있는 방법이다.

자신의 신념과 반대되는
환경을 극복하는 법

자신의 어떤 것에 대한 신념이 존재한다면 그 신념과 맞지 않는 상황, 사람, 사회, 환경이 분명히 존재한다. 자신이 생각하는 신념이 다른 사람과는 맞지 않는 상황이 아주 많이 존재한다.

세상 사람들에게 당신의 신념이 무조건 옳지는 않다. 당신의 신념이 틀리다고 생각하는 사람이 있을 것이고, 옳다고 생각하는 사람이 있을 것이다. 하지만 당신의 신념을 반대로 바라보는 상황과 사람을 만나게 되면 상처받을 수 있고, 성공에너지를 잃을 수도 있다. 바로 가장 가까운 사람, 가족, 친구, 지인들일 것이다.

다른 사람들에게 나의 꿈 이야기를 하면, 대부분이 "그게 가능해?"라는 의문을 제기할 것이고, 가족에게 이야기하면 "안전하게 가야 해!"라는 말을 듣게 될 것이다. 여기서 깊이 생각해야 할 문제는 "안전하게"라는 말인데, 세상은 절대로 "안전하지 않다."

내가 하는 일에서 언제 해고될지도 모르고, 혹여 그 회사가 문을 닫을 수도 있다. 또는 사고로 인해서 내가 일을 할 수 없는 상태가 될 수도 있다. 요즘 세상을 보면 더욱더 확신할 수가 없다.

현재의 세상에는 "확실"한 것이 하나도 없다. 나는 개인적으로 크리스천이어서 그런지 세상에 확실한 것은 딱 두 가지뿐이라고 생각한다. 그것은 "하나님이 계신다."와 "사람은 누구나 죽는다."는 말이다.

세상의 모든 사람의 인생은 "불확실"하다. 한 치 앞도 내다볼 수 없는 것이 사람의 인생이기에 안전하고 확실한 직장과 일은 없다고 본다. 내가 성공을 꿈꾼다면, 안전한 직장과 일이 아닌 "불확실성"에 대해서 극복하고 이겨낼 만한 마인드를 가져야 불확실한 세상을 확실한 세상으로 바꾸어 나갈 수 있다. 반드시 "마인드 훈련"을 해야 하는 이유다.

"나는 불확실성을 환영해"

- 게리 비숍 -

나의 꿈, 즉 내가 원하는 목표를 아무에게나 이야기하지 말아야 한다. 굳이 말해서 나의 성공 에너지를 뺏길 필요가 없다. 나의 꿈을 이야기할 때, 경청해 주고 응원해 주는 사람이 있다면 다행이겠지만, 없는 경우가 훨씬 더 많을 것이다. 안타깝지만 성공하기 전까지는 "홀로"서야 한다.

성공의 길로 나아가다 보면 반드시 "조력자"가 나타나고 함께 관계를 맺게 된다. 그전까지는 혼자가 될 확률이 높다. 그렇다고 상심할 필요는 없다. 책을 읽고, 시각화를 하는 등 자기계발에 도움이 되는 모든 행동들은 혼자서 조용하게 집중하는 것이 최선이기에, "홀로" 한다는 것은 성공의 출발에 더 큰 도움이 될 것이다.

눈이 1개만 있는 사람들이 사는 마을에 눈이 정상적으로 2개가 있는 사람이 그 마을에 들어가서 살게 되었다. 하지만 1개의 눈만 가지고 있는 사람들이 그 사람을 이상한 사람처럼 보면서 "우리와는 다른 사람이다. 배척해라."라며 눈을 2개 가지고 있는 정상적인 사람을 무시하고 비난했다. 눈을 2개 가지고 있는 정상적인 사람은 그 마을에서 살아남고 생활하기 위해서 자신도 눈 1개를 빼버렸다고 한다.

이처럼 당신의 신념을 무너뜨릴 수 있는 사회적 여건이나 상황이 수없이 반복해서 펼쳐질 수도 있다. 하지만 당신의 신념이 올바른 신념이라면 견뎌야 한다.

대부분의 인간은 일반이 지지하고 있는 사고에 동조한다. 그렇지 않으면 고립되기 때문이다. 고립되면 불안, 초조하여 마음이 안정되지 않는다. 여기서 당신은 2가지 중 하나를 선택해야 한다. 그 일반적인 사고 속으로 들어갈 것인지, 아니면 꾸준하게 자신의 신념을 지키는 쪽으로 계속 갈 것인지.

나는 최근에 가까운 사람들과의 모임에서 이런저런 이야기 중 생각의 힘에 대해서 구체적으로 설명했다. 그때 "생각하면 반드시 이루어진다."라고 계속 생각에 관한 이야기를 했는데, 거기서 옆에 있던 친한 지인이 나에게 이런 말을 했다.
"너, 생각의 힘인가 뭔가에 단단히 미쳐있네."라고 하면서 비꼬는 표정을 지었다.
나는 그 당시 지인들이 내 말을 이해하지 못하는 상황에 답답했지만, 돌아서고 나니 스스로가 참 대견하다는 생각이 들었다. "내가 가진 이 진리를 담고 있는 신념이 다른 이들에게는 정상적으로 브이지 않는구나. 나 잘하고 있다. 난 소수다."라는 확신이 생겨난 것이다.

자신의 신념을 지키지 못할 것 같으면 그냥 일반적인 상황으로 들어가면 해결된다. 하지만 자신의 신념이 확고하고 맞는다고 생각한다면, 힘들더라도 견뎌내야 한다. 당신이 일반적인 다수를 절대로 바꿀 수 없다. 당신이 바뀌지 않는 한 절대 인정해 주지 않는다는 말이다.

자신의 신념을 지킨다고 마음을 먹으면, 고난과 역경이 오더라도 지켜내라! 그리고 견뎌라! 당신과 반대의 신념을 가진 사람들이 힘들게 하더라도 그 사람들을 부정하면 안 된다는 이야기이다.

여기서 명심해야 할 것은, "성공자"는 절대 다수가 아니며 일반적이지도 않다. "소수 중에 소수일 뿐이다."

그 반대하는 상황도 당신이 만들어낸 상황이다. 당신이 선택하면 된다. 그 속에 들어갈 것인지, 아니면 견딜 것인지. 어느 누구도 당신의 신념을 이해해 주고 받아들여 주지 않을 것이다.

신념을 버리지 않고도 충분히 그 속에 들어갈 수 있다. 자신의 신념을 확실히 고정시키고 그 속에서 자신만의 신념을 이루어 나가야 한다. 자신의 신념과 다르다고 다른 사람들을 부정하는 것은 자신을 더 힘들게 만들 수도 있다. 그래도 나의 신념이 올바른 길이라고 생각한다면 견뎌야 하지 않겠는가?

방법은 아주 쉽다. 견디기 힘들면 포기하면 되고, 견딜 수 있다면 견디면 된다. 당신의 신념이 얼마나 확고하고 믿음이 있느냐에 따라서 당신은 행동하게 된다.

여기서 중요한 것은 당신의 신념이 도리와 예의에 어긋나는 신념이라면 다시 생각해 봐야 한다는 것이다. 자신의 신념을 지키기 위해서는 많은 걸 알아야 한다. 자신의 신념이 정말 믿을 수 있고, 마음에 각인시킬 만한 것인지 많이 조사하고, 자료를 수집해서 알아내야 한다는 말이다.

분명히 말하지만, 부정적 자기 합리화는 신념이 아니다. 어리석은 생각일 뿐이다. 당신의 신념을 지킬 수 있고, 당신과 유사한 신념을 가진 사람들을 살펴봐야 한다. 그 사람들이 긍정적인 결과를 가지고 왔는지 말이다.

자신의 신념을 가지기 전에는 많은 연구와 공부가 필요하다. 증거 없는 신념은 신념이 될 수 없다.

부를 받아들일 수 있는 마인드가 준비되어 있어야 한다

"부를 받을 마인드가 준비되어 있어야 한다."는 말은 부를 끌어들이고 유지하기 위해서는 올바른 마음가짐과 사고방식이 필수적이라는 것을 의미한다. 단순히 재정적인 성공을 바라기만 하는 것이 아니라 스스로 부를 받아들일 준비가 되어 있어야 기회가 왔을 때, 이를 제대로 활용하고 성장할 수 있다.

* 성공자로 가기 위한 가장 중요한 마인드셋의 중요성

부는 단순히 노력과 행동만으로 얻어지는 것이 아니다. 부를 이룬 사람들은 공통적으로 긍정적이고 수용적인 사고방식을 가지고 있다. 이는 부에 대한 두려움이나 부정적인 신념이 없고, 부를 가치 있는 것으로 인식하고 있다.

마인드셋의 중요성은 바로 내면의 장애물 제거이다.

부를 끌어들이기 위해서는 자신의 내면을 돌아보고 부정적인 신념을 제거하는 것이 중요하다. 예를 들면 "돈은 나쁜 것이다.", "나는 부를 가질 자격이 없다는 자책", "돈은 어렵게만 벌 수 있다는 고정관념" 등의 신념은 무의식적으로 부를 거부하게 만들며, 자신이 원하는 결과를 얻지 못하게 만든다. 그러므로 성공하기 위해서는 부에 대한 올바른 태도를 가져야 한다.

감사와 존중의 의미는 이미 가지고 있는 자원과 기회에 감사하는 마음을 가질 때, 더 많은 부를 끌어들일 가능성이 커진다. 풍요의식은 세상에는 무한한 자원이 존재하며, 자원은 절대 한계가 없다는 믿음을 가져야 한다.

성공 투자 마인드는 멈춰있는 대신, 장기적인 나의 마인드에 대한 투자와 성장에 집중하는 자세가 필요하다.

부를 받을 마인드는 단순히 생각에 그치면 안 된다. 이를 행동으로 옮기는 것이 중요한데, 기회를 인식하고 행동해야만 새로운 아이디어나 기회를 탐색하며, 실패를 두려워하지 않을 수 있다.

성공 투자 마인드처럼 스스로가 지속적인 자기계발을 해서 자신의 가치를 높이고, 더 나은 기회를 끌어들일 준비를 해야 한다.

부를 준비하는 마인드란? 부를 받을 준비가 되어 있다는 것은 마음속에 여유와 자신감을 가지고, 세상의 풍요를 받아들일 준비를 했음을 뜻한다. 이는 단순히 물질적인 부를 넘어, 정신적 풍요와 삶의 기회를 확장시키는 중요한 법칙이다. 자주 나오는 이야기 중 "기회는 갑자기 찾아오고 위기 속에 기회가 있다."는 이야기를 들어 보앉을 것이다. 기회도 받을 준비가 되어 있는 사람에게만 기회라는 것이다. 마인드가 준비되어 있지 않는 사람들은 기회를 그저 그런 지나가는 바람처럼 생각할 뿐이다.

제6장

누구나 성공할 수 있는
무한한 잠재력

세상에는 무수히 많은 성공 방법이 존재한다

"학교 성적이 좋다고 무조건 성공하는 것은 아니다."라는 말은 학업과 성공의 관계를 다양한 관점에서 이해할 수 있도록 돕기 위해서 주제로 잡았다. 학업 성적이 중요한 역할을 할 수는 있지만, 성공을 결정짓는 유일한 요소는 절대로 아니다.

대부분의 사람들은 돈은 힘들게 버는 것이고, 피와 땀을 흘리고 정직해야 비로소 돈을 벌 수 있다는 이야기를 듣고 자랐을 것이다. 사람들이 가장 신뢰하는 매스컴, 학교 교육에서까지 말이다.
나는 학교에 대한 반감이 전혀 없다는 점을 분명히 말씀드리고 이야기를 이어 나가겠다.
학교에서 배우는 지식, 교우관계 등은 인생을 살아가는 "도구"로써 필요한 것이다.

'왜 우리나라 교육기관에서는 성공자를 만드는 교육을 전혀 하지 않을까?'

나의 생각이 다른 사람들의 생각과 맞지 않을 수 있다는 점을 잘 알고 있다. 그리고 반박할지도 모르겠지만 말이다. 교육은 성공에 필요한 부분이 되는 건 사실이다. 하지만 여기서 이야기하는 성공의 법칙에는 교육이 절대적으로 1차적인 조건이 아니라는 점이다.
교육은 요소요소에 필요하다. 많이 배운 것이 배우지 못한 것보다 당연히 낫지만, 그렇다고 많이 배운 것이 성공에 절대적으로 큰 부분을 차지하지 않는다는 걸 말해주고 싶다.

"좋은 대학에 가려면 성적이 좋아야 하지만, 성공하려면 성공지식을 배워야 한다."

대학교육, 아니 중·고교도 제대로 졸업하지 못한 사람들이 왜 벽만장자가 되었으며 억만장자가 되었는지. 그렇다면 우리나라 세계의 톱 클래스에 드는 교육기관에서 교육을 받고도 왜 성공하지 못하는지에 대해서도 생각해 봐야 한다.

공부 잘하면 성공한다.→ 공부 잘하면 성공할지도 모른다.
노력하면 성공한다.→ 노력하면 성공할지도 모른다.
환경이 좋으면 성공한다.→ 환경이 좋으면 성공할지도 모른다.

여기서 '한다.'의 의미는 단어가 말해주듯이 법칙이 존재해야 한다는 것이다. 예외가 있으면 법칙이라는 말을 함부로 사용할 수 없듯이, 예외가 있다면 '한다.'라는 표현을 하면 안 된다고 말하고 싶다. '한다.'가 아닌 '할 수도 있다'라고 해야 맞다.

공부를 잘해도 가난한 사람이 많이 있다. 주위를 둘러보면 정말 많다. 정직하게 살지만 가난한 사람도 많으며, 노력하고 살지만 가난한 사람도 있고, 환경이 불우했지만 부유하게 사는 사람도 있으며, 부유한 가정에서 태어났지만 파산지경에 이른 사람도 있다.

"환경이 사람을 만드는 것이 아니다. 환경은 그가 어떤 사람인지 드러낼 뿐이다."

- 에픽테토스(철학자) -

학교 성적은 특정한 기준과 평가 체계에서 학생의 학업적 능력을 나타내는 척도다. 이는 주로 암기력, 문제 해결 능력, 시험 적응력에 따라 결정된다. 성공은 각 개인이 설정한 목표를 이루는 것이며 직업, 경제적 안정, 인간관계, 자기만족 등 다양한 요소를 포함하고 있고, 사람마다 성공의 기준은 전부 다를 수 있지만 큰 틀에서 생각한다면 경제적 자유, 시간적 자유, 행동, 건강이 모두 공통적인 꿈일 것이다. 학교 성적은 특정한 지식과 기술을 나타낼 수 있지만, 실생활에서 성공을 결정하는 다른 요소들이 훨씬 더 많다.

학교에서 배운 이론적 지식 외에도 실질적인 경험(마인드, 의사소통, 문제 해결, 창의성 등)이 중요한 역할을 하는데, 성공은 대부분 자신의 마인드와 그 마인드로 인한 경험에서 나오는 통찰력과 응용 능력에 달려 있다. 성실함, 끈기와 같은 태도는 성공을 이끄는 주요 요소로 보고 있는데, 실패를 극복하고 배우려는 자세는 성적(교육)만으로는 평가되지 않는 성공의 중요한 사실이다.

하지만 교육을 받으면서 사람들과의 관계 구축 능력(네트워킹)과 협업은 성공에 있어 중요한 자산이 될 수 있다. 하지만 사람들과의 관계에서 리더십, 공감 능력, 설득력은 성적으로 측정되지 않지만, 성공에 매우 중요하다. 다만 "성적"이 성공과 무관한 것은 전혀 아니라고 할 부분도 충분히 있다.

나의 기초 능력은 교육에서 시작되는데, 성적은 특정 분야에서의 능력과 잠재력을 나타낼 수 있으며, 초기 경력을 시작하는 데 도움을 줄 수 있는 것은 사실이다. 그리고 성인이 된 초반에는 기회 창출에 있어서 성적이 좋지 않은 사람보다는 조금 더 높다.

그러나 성적이 뛰어나도 이를 활용하지 못하거나 다른 역량이 부족하면 성공으로 이어지지 않는다.

성적과 성공은 상호보완적으로 바라보는 것이 올바르다.
학교 성적이 좋으면 유리한 출발점이 될 수 있지만, 성공을 결정짓는 것은 성적뿐 아니라 마인드, 태도, 기술, 경험, 인간관계 등 다각적인 요인이다. 따라서 학생들은 성적에만 집착하지 말고, 다양한 능력을 개발하며 자신의 목표에 맞는 성공을 정의하고 이를 이루기 위해 노력해야 한다.

성적(교육)을 성공하기 위한 필수라고 생각하면 안 된다.
하지만 우리나라의 경우에는 항상 성공하기 위한 조건을 우수한 성적, 좋은 대학, 좋은 직장에 대해서 항상 우선순위를 가지고 있다는 사실이 성공을 가로막는 가장 큰 장애물인 것은 확실하다.
공부도 중요하다. 그렇지만 성공을 하기 위해서는 성공지식과 더불어 함께 습득해야만 올바른 길로 나아갈 수 있다.

그렇다면 '도대체 무엇이 성공을 할 수 있게 만드는 것일까?' 하는 궁금증이 생겨야 정상인 것이다.

올바른 생각을 하기는 쉽다. 하지만 하지 않는 것이 더 쉽다

좋은 생각을 한다는 것이 물론 쉽지는 않다. 하지만 전 세계 1%의 성공자들은 "모든 상황을 긍정적으로 바라보면 성공한다."라고 이야기한다.

성공자들이 1%밖에 존재하지 않는다는 것은 성공이 그만큼 어려운 일이라는 분명한 이유가 있기 때문이다.

여기서 주의할 점은 "긍정적이면 성공한다.", "생각하는 대로 된다."를 글자 그대로 이해하면 안 되고, 확실한 목표를 설정했을 때를 이야기하는 것이다.

사람들을 유심히 살펴보면 아주 재미있는 상황을 보게 된다. "쉬우면 믿지 않고 어려우면 믿는다."라는 것이다. 사람들은 쉬우면 "이거 너무 쉽잖아. 쉬운 건 올바른 길이 아닐 거야!"라고 생각하는 경향이 아주 많다. 반대로 어려우면 이렇게 생각한다. "어려워. 역시 이게 바로 정답이야.", "어려워야 성공하는 것이 맞아.", "성공하는 쉬운 방법은 없어.", "생각만으로 성공할 수는 없지."라고.

그런데 미안하지만 긍정적인 생각은 쉽지 않다. 마인드 훈련을 조금 한다고 해서 쉽게 되는 것이 아니다. 어찌 보면 내 자신을 현재와 다르게 바꾼다는 것은 세상에서 제일 어렵고 힘들 수 있다.

하지만 마인드 훈련을 하고 긍정적인 생각으로 나의 잠재의식을 지배하면 세상에서 가장 쉬운 행동이 된다. 나 또한 초기에 비슷한 생각을 했었다.

"생각하는 대로 된다고? 별로 믿고 싶지 않지만, 손해는 없으니까."

곰곰이 한번 생각해 보자. 왜 쉬운 방법이 있어도 어려운 방법을 택하고 힘들게 인생을 살고 있는지. 작용 반작용의 법칙처럼, 어려운 방법이 있으면 쉬운 방법이 있기 마련이고, 쉬운 방법이 있으면 어려운 방법도 있기 마련이다. 어떤 방법을 선택할 것인지 깊이 고민해 봐야 한다.

쉬운 방법은 누구나가 하고 있는 방법일 것이고, 누구나가 하는 방법이라면 그만큼 보상은 적을 것이다. 하지만 어려운 방법(마인드의 변화)을 경험하면서 성공자가 되겠다는 신념을 가지고 끈기 있게 습관으로 만들어 나간다면 쉬운 방법을 행하고 있는 사람들보다 훨씬 더 큰 보상을 받게 될 것이다.

여기서 어려운 방법이라는 것은 스스로의 마인드 훈련, 내면의 패러다임을 바꾸는 방법, 지금껏 내가 하지 않던 것들을 예로 들 수 있다.

대부분의 사람들은 무엇이 옳은지, 또는 어떤 생각과 행동이 좋은 결과를 가져올지 알고 있다. 예를 들면, "건강을 유지하려면 운동을 하고 균형 잡힌 식사를 해야 한다.", "성공하려면 열심히 마인드 훈련을 하고 꾸준히 자기계발을 하면서 성장해야 한다.", "좋은 인간관계를 유지하려면 배려하고 소통해야 한다.", "다이어트와 건강을 위해서는 운동을 해야 한다." 등이다.

이러한 원칙은 복잡하지 않으며, 누구나 쉽게 이해할 수 있는 기본적인 상식에 속한다.

하지만 실천하지 않는 이유 또는 실천하기 힘든 이유가 인간에게는 몇 가지 있다. 인간은 편안함을 가장 많이 추구한다. 인간은 본능적으로 변화를 꺼리고 현재의 익숙한 상태에 머무르려 한다. 올바른 행동은 지금껏 내가 하지 않았던 노력이 필요하고, 기존의 습관에서 벗어나야 하기 때문에 귀찮고 부담스럽게 느껴질 수밖에 없다. 그리고 눈에 보이는 즉각적인 보상이 부족해서 실천하기 힘들다. 올바른 생각이나 행동은 장기적으로는 긍정적인 결과를 반드시 가져오지만, 즉각적으로 보상이 주어지지 않기 때문에 실천하더라도 쉽게 포기하게 된다.

인간은 즉각적인 보상에 더욱더 큰 흥미를 느끼기 때문에 잘못된 선택으로 충동적 소비, 게으름, 미루는 습관이 자신에게 만족감을 준다고 착각한다. 그리고 우리가 반드시 이겨내야 할 마음가짐은 바로 두려움과 자기 의심이다. 새로운 변화를 위해 올바른 행동을 하려면 실패의 가능성을 받아들여야 하는데, 새로운 길을 시도하는 데 따르는 두려움과 자기 자신에 대한 의심이 행동을 방해할 수밖에 없다. 보통 우리가 하기 좋아하는 일의 대부분은 "익숙함"에서 온다.

하지만 그 "익숙함"이 내가 앞으로 살아가는 인생에서 성공의 "장애물"로 인식되면 반드시 "하기 싫은 행동"으로 여겨야만 성공으로 바꿀 수 있다.

세상의 모든 원인은 나에게 있다

좀 **불편한** 이야기를 해보려 한다. 마인드 훈련을 꾸준히 해오고 있는 나에게는 더 이상 불편한 내용이 아니지만, 처음 접하는 독자라면 다소 불편하게 느낄 수 있을 것이다.

세상의 모든 일이 단 한 가지도 예외 없이 내가 생각하고 선택하여 만들어낸 결과라면, 당신은 그 말을 받아들일 수 있겠는가? 당신 인생의 모든 일은 당신이 만들어낸 것이다. 좋은 일이든, 나쁜 일이든 모두 당신의 선택과 사고에서 비롯되었다는 말이다. 이 말이 다소 기분 나쁠 수도 있다. 하지만 나는 당당히 말하고 싶다. "좋은 일이든, 나쁜 일이든 전부 당신이 만들어낸 것입니다."라고.

이 말을 진심으로 이해하고 받아들일 수 있다면, 당신은 반드시 성공할 수밖에 없는 사람이 된다. 왜냐하면 인생의 원인을 내 안에서 찾기 시작할 때, 비로소 마인드에 변화가 오기 때문이다.

당신의 의식과 무의식이 경험과 사고, 그리고 인생을 만들어내고 있다면, 그것을 받아들일 수 있겠는가? 이해하든 이해하지 못하든, 이것은 진실이다. 사람은 사고하는 존재이며, 모든 일은 생각에서 비롯되어 행동으로 나타난다. 이 또한 부정할 수 없는 진실이다.

예를 들어보자. 당신이 차를 몰고 가다가 정차 중에 뒤차가 와서 교통사고를 냈다. 이 상황에서 "이런 교통사고도 내가 만들어냈다고? 말도 안 돼!"라고 반응할 수 있다. 하지만 한번 곰곰이 생각해 보자. 당신은 그와 비슷한 장면을 한 번쯤 상상하거나, 영화나 뉴스에서 본 적은 없었는가? 그리고 무엇보다 당신이 그 시간, 그 길을 선택하여 간 것이 가장 큰 원인일 수도 있다.

이 이야기는 당신을 비난하거나 자책하게 하려는 게 아니다. 단지 어떤 상황에서도 작은 부분이라도 내 안에서 원인을 찾으려 노력한다면, 어떤 부정적인 상황도 결국 내가 해결할 수 있는 문제로 바뀐다는 점을 말하고 싶을 뿐이다. 억지스럽게 들릴 수도 있다. 하지만 나 자신에게서 원인을 찾지 않고 외부에서 원인을 찾기 시작하면, 그 외부 요소가 바뀌지 않는 이상 내 감정도, 상황도 바뀌지 않는다. 이것이 바로 의식과 무의식이 만들어낸 상황이다.

무의식이란 내가 인지하지 못한 상태에서 작동하는 것이다. 예를 들어, 심장이 뛰는 것을 매 순간 인지하며 살지는 않는다. 또한 뇌에 명령을 내려 심장을 멈추게 할 수도 없다. 이처럼 우리 삶의 상당 부분은 무의식에 의해 작동되고 있으며, 우리는 그것을 대부분 알아차리지 못한다.

1957년, 미국 뉴저지주의 한 극장에서 〈피크닉〉이라는 영화를 상영하던 중, 극장 측은 실험을 하나 실시했다. '팝콘을 먹어요', '코카콜라를 마셔요'라는 자막을 3,000분의 1초 동안 5초 간격으로 삽입한 것이다. 너무나 짧은 시간 동안 자막이 지나갔기에, 관객들은 그 메시지를 인식조차 하지 못했다. 그럼에도 불구하고 영화가 끝난 뒤, 팝콘과 코카콜라의 판매가 급증했다. 팝콘은 57.7%, 코카콜라는 18.1%나 판매가 증가했다. 이 실험은 6주간 약 4만 5천명을 대상으로 진행됐고, 무의식을 활용한 광고의 대표 성공사례로 회자되었다.

대부분의 사람들은 이 실험을 접해도 무의식의 영향력을 실감하지 못한다. 하지만 무의식은 단지 우리가 인지하지 못할 뿐, 실제로는 우리 생각 속에 분명히 존재하고 있다. 눈에 보이지 않지만, 끊임없이 작동하며 우리의 선택과 행동에 영향을 주는 것이다.

다시 교통사고 예로 돌아가 보자. "내가 지금 이 자리에 없었다면?" 그 사고는 일어나지 않았을 것이다. 물론 당신은 이렇게 반박할지도 모른다. "뭐야, 저런 억지를… 나는 정차해 있었고, 사고 낸 건 뒤차라고!" 맞다. 억지처럼 들릴 수도 있다. 하지만 이런 표현을 쓰는 이유는, 세상 모든 일에는 원인이 있으면 결과가 있고, 결과가 있으면 원인이 있다는 사실을 강조하기 위해서다.

"왜 나에게 이런 일이 벌어졌지?"라고 낙심하지 말고, "이 일에는 어떤 이유가 있었을까?"라고 한 번 더 생각해 보자. 그 작은 사고조차도 이유가 있는 일일 수 있다.

긍정적인 관점에서 바라보자면, 그 사고를 낸 사람이 오히려 당신에게 인생의 성공이나 중요한 인연을 가져다줄 수도 있다. 혹은 그 사고가 훗날 더 큰 사고를 막아준 사건일 수도 있다. 생각지도 못한 곳에서 기회가 온다는 말은 괜한 말이 아니다. 실제로 그런 일은 자주 일어난다. 결국 우리 인생에서 벌어지는 모든 일은 우리 삶에 반드시 필요한 일이며, 그것이 어떤 기회의 형태로 다가올 수도 있다. 과거 성공자들의 이야기를 들어보라. 그들은 이렇게 말한다. "내가 가진 목표가 어떻게 이루어질지는 모르지만, 이루어지리라는 건 알고 있었다." 이 말처럼 모든 과정은 예측 불가능하지만, 결과는 믿을 수 있다. 우리 인생에서 일어나는 아주 사소한 일 하나도 인생을 바꾸는 전환점이 될 수 있다는 것을 명심하자.

나는 어떤 사건이나 사고가 생기면, 꼭 나 스스로에게 묻는다. "이 일이 나에게 주는 교훈은 무엇일까?" 독자 여러분도 이 질문을 한 번 해보기를 권한다. 아주 작은 일 속에서도 우리는 늘 배울 것이 있다. 이런 마인드를 가진다면, 당신이 바라보는 세상은 전혀 다르게 보일 것이다. 당신의 인생은 정말로 바뀔 수 있다.

> "세상을 살면서 단 1초만 늦게 걸었더라면, 혹은 1초만 빨리 걸었더라면 지금의 나는 완전히 다른 모습이었을 것이다."

사람은 결국 '생각하기 나름'이다. 성공자들은 자신에게 일어나는 모든 일을 교훈과 기회로 받아들인다. 반면, 실패하는 사람들은 같은 상황 속에서도 절망과 분노로 바라본다. 이것이 바로 부유한 자와 가난한 자의 결정적인 차이이다.

부유한 사람들은 세상의 아주 작고 사소한 일들까지도 기회로 바라본다. '기회로 본다'는 것은 그 일이 긍정적인 방향으로 작용하리라 믿고 행동에 옮긴다는 뜻이다. 그 믿음이 그들을 부유하게 만든다. 반면, 가난한 사람은 기회가 와도 그것이 기회인지 모르고 흘려보낸다. 그리고 많은 부정적인 사람들은 문제의 원인을 내면이 아닌 외부에서 찾는다. 사회, 정부, 배우자, 친구 등 외부를 탓한다.

"내가 취업을 못 하는 건 사회 때문이야." "이 일은 하고 싶은데, 정부 정책이 엉망이야." "배우자가 나를 가로막고 있어."

그런 생각이 과연 어떤 도움이 되겠는가? 만약 그런 생각만으로 상황이 바뀐다면, 나도 평생 남 탓만 하고 살겠다. 하지만 그런 일은 거의 일어나지 않는다. 물론 세상을 살다 보면 정말 어쩔 수 없는, 불가항력적인 일들도 존재한다. 하지만 그런 일은 생각보다 거의 발생하지 않는다. 그 '거의 없는 일'에만 집중하며 살아갈 것인가, 아니면 내가 가진 무한한 잠재력을 일깨워 인생의 주인으로 살아갈 것인가?

선택은 당신에게 달려 있다.

성공하는 사람들은 장애물을 두려워하지 않는다

성공하거나 부유한 사람들은 장애물과 비판에 좌절하지 않는다. 그 장애물로 더 좋은 기회를 잡는다.

"성공자 마인드는 장애물을 비웃는다."라는 말은 성공적인 사람들이 장애물이나 어려움을 특별히 두려워하거나 좌절하지 않는 태도를 의미한다. 그들은 장애물을 단순히 해결해야 할 문제, 성장의 기회, 혹은 넘어서야 할 도전으로 바라본다. 성공 마인드를 가지고 있는 사람들은 앞을 가로막는 장애물을 단순한 장애물로 보지 않고, 이를 통해 얻을 수 있는 교훈과 배움에 집중한다. 성공 마인드를 가지고 있는 사람들은 실패한 사업에서 중요한 교훈을 얻어, 다음번 시도에 이를 반영하여 똑같은 실수를 반복하지 않고 어려운 상황을 통해 더 강한 문제 해결 능력을 개발하고 더 성장시킨다.

보통 장애물은 예상하지 못한 상황에서 발생되는데, 성공 마인드를 가지고 있는 사람들은 문제를 여러 각도에서 바라보며 해결 방안을 찾는 유연성도 가지고 있다. 그들은 "이건 해결할 수 없다."가 아니라 "다른 방법은 없을까?"라고 자기 스스로에게 질문한다.

성공 마인드를 가지고 있는 사람들은 장애물 앞에서 두려움이나 불안 같은 감정에 사로잡히기보다, 냉철하게 문제를 분석하고 대안을 찾아 실행한다.

성공 마인드를 가지고 있는 사람들의 모두는 실패를 두려워하지 않는 도전 정신도 가지고 있다.

성공 마인드를 가지고 있는 사람들은 실패를 성공으로 가는 과정의 일부로 인식한다.

성공 마인드를 가지고 있는 사람들은 장애물을 마주할 때 포기하는 대신, 끊임없이 도전하고 극복하려는 의지를 보인다. 장애물을 단순한 방해물이 아닌, 도전 과제나 게임처럼 여기는 경향이 있다. 이를 극복하면 더 큰 성취감과 보상을 얻는 기회로 인식한다. 예를 들면, 운동선수가 기록을 갱신하기 위해 더 어려운 훈련을 기꺼이 받아들이는 태도이다.

결론적으로 "장애물을 비웃는다."라는 말은 성공자들이 장애물 자체를 가볍게 여기기보다, 이를 극복할 자신감과 유연한 사고방식을 갖추고 있다는 의미한다. 이는 긍정적인 태도와 끊임없는 도전을 통해 장애물을 넘어서려는 성공자의 핵심 철학이라 할 수 있다.

다음의 사실들을 생각해 보자.

- 미국의 유명한 영화배우 프레드 아스테어는 1933년에 첫 번째 카메라 테스트를 마친 뒤, MGM 영화사의 심사위원장으로부터 다음과 같은 심사평이 적힌 메모지를 전달받았다. '연기력이 형편없음! 게다가 약간 대머리임! 춤 솜씨도 수준 이하임!' 하지만 그 뒤 아스테어는 최고의 명배우가 되었다. 아스테어는 지금도 비버리 힐즈에 있는 자기 집 벽난로 위에 그 메모지를 액자에 넣어 보관하고 있다.

- 한 미식축구 경기의 전문가가 미식축구 선수 빈스 롬바르디를 이렇게 평가했다.
"미식축구에 대한 최소한의 지식조차 없음. 한마디로 열의 부족."
하지만 이후 빈스 롬바르디는 세계적으로 유명한 미식축구 선수로 발돋움했다.

- 위대한 철학자 소크라테스는 법정에서 이런 판결을 받았다.
"이 자는 젊은이들을 도덕적으로 타락시키는 죄인이다."

하지만 오늘날 소크라테스는 인류 역사상 최고의 철학자로 평가받고 있다.

- 베토벤은 바이올린을 다루는 데 매우 서툴렀으며, 자신의 연주 기술을 개선하기보다는 스스로 작곡해서 연주하기를 더 좋아했다. 베토벤을 지도하던 음악 선생은 그가 연주하는 것을 듣고는 훌륭한 작곡가가 될 소질이 전혀 없다고 잘라 말했다.

- 월트 디즈니는 아이디어가 부족하다는 이유로 신문사 편집장에게 해고를 당했다. 또한 월트 디즈니는 디즈니랜드를 세우기 전에 여러 차례 파산을 경험했다.

- 토마스 에디슨의 선생들은 그가 너무 지능이 모자라서 아무것도 배울 수가 없다고 말했다.

- 알버트 아인슈타인은 다섯 살 때까지 말을 하지 못했으며, 여덟 살이 될 때까지 글을 읽지 못했다. 그의 교사는 그를 "정신 발달이 늦고, 남들과 잘 어울리지도 못하며, 어리석은 몽상 속에서 언제까지나 헤매다닌다."라고 표현했다. 그는 마침내 학

교에서 퇴학을 당했으며, 취리히 과학 기술 전문학교에 입학을 시도했으나 거부당했다.

- 《전쟁과 평화》의 작가 레오 톨스토이는 대학생 시절에 성적 불량으로 퇴학을 당했다. 그는 교수들로부터 "배울 만한 실력도 없을뿐더러 배우려는 의지조차 없다."는 평가를 받았다.

- 야구왕 베이브 루스는 가장 위대한 야구선수이자 홈런 최다 기록을 세운 것으로 유명하다. 반면에 그가 삼진 아웃을 가장 많이 당한 세계 기록도 보유하고 있다는 사실을 아는 사람은 많지 않다.

- 높이 나는 갈매기 '조나단 리빙스턴 시걸'에 대한 리차드 바크의 대표작 《갈매기의 꿈》은 열여덟 군데의 출판사로부터 거절당한 뒤, 1970년에 맥밀란 출판사에서 발간되었다. 1975년까지 그 책은 미국에서만 7백만 부가 팔렸다.

출처:《영혼을 위한 닭고기 수프 2》(잭 캔필드 / 마크 빅터 한센 저)

이 사례들을 보면서 당신은 어떻게 느끼는가? 위의 성공자들을 살펴보면 공통점을 발견할 수 있다. 그것은 포기하지 않았다는 점이다. 끈기 있게 자신의 소신대로 살아온 결과, 세상 모든 사람들에게 인정받는 인물이 되었다는 것이다. 또 한 가지 교훈을 얻을 수 있는 부분은 처음부터 우리와 다른 사람이지 않았다는 것이다. 어떻게 보면 지금의 당신보다 더 비참하고 무시당하는 상황을 많이 겪었을 것이고, 지금 당신보다 첫 출발이 더 많이 힘들었을 것이다. 명심하자. 위의 인물들도 처음에는 가난하고 무시당했다는 것을. 그러니 우리는 더 쉽게 더 빠르게 부유해질 수 있다.

나에게서 "장애물"은 내가 평소에 익숙하지 않기 때문에 "장애물"이라는 생각을 가진 것이다.
타인에게 내가 생각하는 "장애물"은 "장애물"이 아닐 수 있다. 즉, 나의 마음가짐이 바뀌면 "장애물"이 아니라 "기회"로 바라볼 수 있다.

큰 꿈을 가진 사람만이
큰 성공을 이룰 수 있다

"성공자들은 큰 꿈을 가지고 있다."는 말은 성공한 사람들이 단순히 현실에 안주하거나 작고 안전한 목표를 추구하지 않고, 자신이 이루고 싶은 거대한 비전과 목표를 설정한다는 의미이다. 그렇다면 큰 꿈이란 무엇인가?

큰 꿈은 현실을 넘어선, 달성하기 어려워 보이는 도전적이고 비전 있는 목표를 말하고 있으며, 단순히 개인적인 욕망에 그치지 않고 세상에 긍정적인 영향을 미치거나, 자신의 한계를 극복하는 것을 포함할 수 있다. 큰 꿈은 삶의 방향성을 제공하고, 열정을 불러일으킨다. 열정이 생기는 이유는, 큰 꿈에는 그만큼 큰 감정과 희열을 동반하고 있어서, 힘든 순간에도 포기하지 않는 원동력을 제공하기 때문이다.

또한 작은 목표에 만족하는 대신, 도달할 수 있는 최상의 수준을 목표로 삼아 자신의 잠재력을 최대한으로 끌어낸다. 큰 꿈은 단순히 자신만의 문제가 아니라 주변 사람들에게도 영감을 주고 긍정적인 영향을 미친다. 초반에는 응원이나 지지를 거의 받지 못하지만, 점진적으로 이루어져 가는 모습을 주변인들이 목격할 때, 올바른 마인드를 가진 사람에게는 큰 자극제로 희망을 줄 수 있다.

성공자들은 평범한 삶을 추구하지 않는다. 그들에게 평범한 삶이란 다시금 시간과 돈에 시달리며 살아가게 되는 삶이다. 성공자들은 자신의 인생을 독창적이고 특별한 무언가로 만들고자 노력한다. 그리고 성공자들이 추구하는 큰 꿈은 막연하지 않고, 명확하고 구체적인 방향을 가지고 있다. 또한 큰 꿈을 단순한 상상에만 그치지 않고, 이를 이루기 위해 필요한 행동 계획을 세우고 실행하는데, 큰 꿈은 종종 큰 위험을 동반하지만, 성공자들은 이를 두려워하지 않고 전진한다.

우리는 반드시 성공자의 삶, 꿈을 실현하기 위해 필요한 지식과 기술을 배우고, 실패를 통해 교훈을 얻어야 한다. 큰 꿈은 단기간에 이루어지는 것이 아니라 끊임없는 노력이 필요하다.

성공자들이 큰 꿈을 가진 이유는 그들의 비전이 단순히 개인의 이익을 넘어, 자신과 세상을 변화시키기 위한 동력이 되기 때문이다. 큰 꿈은 열정과 의지를 자극하며, 성공의 필수적인 첫걸음이다.

우리가 큰 꿈을 가지기 위해서 가장 큰 걸림돌이 되는 부분은 "성적이 좋아야 성공한다."는 터무니없는 잠재의식이 자리 잡고 있다는 점이다. 학교에서 모범적으로 적응하고 성적도 우수한 사람은 "성공해야지!"라든가, "큰 꿈을 이루어 내야지!"라는 것을 크게 생각하지 않는다. 대부분의 사람들이 그렇다고 말하지는 않겠지만, 교육을 많이 받은 사람들은 스스로 분석하고, 확률에 집중한다. 그러기 때문에 지금 현재 보이지 않는 꿈이라는 존재에 쉽게 접근하기가 힘들다.

한 번 더 강조하면, "공부(성적)를 잘하는 사람은 진정한 성공을 이룰 수 없다."는 이야기가 아니라는 것을 여러분들은 잘 알고 있을 것이다.

공부(성적)를 잘하고 지식이 많은 사람은 대체적으로 좌뇌가 발달하는데, 좌뇌의 기능은 언어, 분석, 계산, 논리적 판단 등에 관여하는 것이다.

하지만 논리적인 사람이 성공의 법칙, 즉 '심상화(시각화)가 맞다!'는 정답에 이르면 훨씬 더 크게 성공할 가능성이 있다. 그 이유는 좌뇌가 발달된 사람이 "맞다"고 판단이 되면 정말 정확하게 분석하고 정밀하게 목표를 이루어 갈 수 있는 성향을 지녔기 때문이다.

그러나 이 책에서 말하는 공부(성적)가 성공을 만들지 않는다고 표현하는 것은 논리와 분석 또는 계산이 발달된 사람들은 눈에 보이지 않는 비현실적인 시각화에 믿음이 생기기 힘들기 때문에, 자기계발 동기부여 서적에서 대체적으로 표현하고 있는 것이고, 성적이 좋고 지식을 많이 쌓았어도 성공과 행복과는 무관하다.

그리고 "우뇌"가 발달된 사람들이 심상화를 하기에는 더 쉽기도 하고 적합하다고 할 수 있다. 우뇌는 몸짓언어, 이미지 파악, 직관적 추론, 감각, 음악, 회화, 감정, 상상이라는 부분이 발달한 것인데, 여기서 우리가 눈여겨볼 것은 바로 "상상과 감정"이다.

앞서 말했지만, 우리 인간은 생각을 하면 감정이 생기고 그 감정으로 행동을 하게 된다. 여기서 좌뇌와 우뇌의 차이는 바로 상상과 감정이 가장 큰 "포인트"다.

인생의 성적과 상관없이 상상을 잘하는 사람은 그 상상 속에서 행복하고 즐거운 감정을 느끼면 "행동 또는 실천"에 이르게 된다. 다시 강조하면 "성적"은 성공의 가장 중요한 요소가 아니다.

"성적은 우리를 상식적인 방법, 논리적인 현실적 성공을 알려주지만, 상상은 비상식적인 성공방법을 알려준다. 성공은 미래다. 상식적인 방법으로는 현재 나의 모습을 바꾸지 못한다."

꿈이 없다면 꿈에 대한 과정도 없다. 당연하다고 생각할지 모르지만, 여기에 성공의 열쇠가 있다. 꿈이 없는 사람이 그만큼 많다는 것이다.

환경이 성공을 결정하지 않는다

왜 소수 중의 소수인 1%만 성공자가 되는 것일까? 환경에 대한 적응력이 높은 사람들은 역경이나, 자신의 실수가 생길 때마다 "이런 환경이기 때문에 할 수 없다."라든가, "내가 그렇지 뭐!" 하며 순수하게 받아들인다. 그러나 환경에 영향을 받지 않는 성공자들은 아무리 어려운 환경에 처해 있어도 남 탓을 하지 않으며, 어려운 환경을 통해 꿈이나 야망을 실현시키려는 열정을 품기 시작한다. 결국은 부정적인 환경이나 역경을 변화시켜서 더 나은 삶을 향한 도전의 기회로 삼는다.

"성공자는 모두 긍정적인 생각을 한다. 그리고 부정적인 상황에 기회를 찾는다."

그렇다면 성공자가 환경에 영향을 받지 않는 이유는 무엇일까?

성공자 마인드를 가지고 있는 사람들은 "환경은 변하기 마련"이라는 사실을 알고 있다.

성공자들은 환경이 고정된 것이 아니라 끊임없이 변한다고 믿고 있고, 따라서 일시적인 상황에 너무 집착하지 않으면서 자신 스스로를 환경에 맞게 변화시킨다. 그리고 성공자들에게는 장기적인 비전(원대한 목표가)이 있기 때문에 단기적인 어려움에 흔들리지 않고, 장기적인 목표에 초점을 맞춘다. 그리고 부정적인 환경에 대한 두려움이나 불안 대신, 위험을 감수하며 긍정적인 기회를 찾는다. 성공자들은 단순히 환경에 적응하는 것이 아니라 자신이 환경을 변화시키는 주체가 되려 한다.

성공자들이 환경을 극복하는 마인드셋에 대해서 간단히 알아보겠다.

1) "나는 환경의 피해자가 아니다."
자신을 외부 요인의 희생자로 보지 않고, 환경을 극복할 능력이 있는 주체로 생각.

2) "환경은 통제 불가능하지만, 내 반응은 통제가 가능하다."
외부 환경을 바꿀 수 없다면, 이에 대한 자신의 태도와 행동을 바꿔 문제를 해결.

3) "장애물은 기회다."
어려운 환경 속에서 숨겨진 가능성을 찾아내려는 태도.

성공자들은 환경의 제약에 의해 좌우되지 않는다. 그들은 환경을 극복하거나 활용하는 능력을 바탕으로 자신의 목표를 추구한다. 중요한 것은 환경이 아니라 환경에 대한 반응과 태도라는 점을 인식하며, 스스로 삶의 주도권을 잡는 것이 성공자의 핵심적인 특징이다.

우리의 뇌는 "옳고 그른 것을 판단하지 못한다."
긍정적인 생각을 하게 되면, 우리의 뇌는 긍정적인 방향과 긍정적인 곳으로 행동할 수 있게 해준다.
반대로 부정적인 생각을 하면 부정적인 방향과 부정이 가득한 곳으로 우리를 인도하고 행동하게 만든다. 마인드 훈련이 정말 잘된 사람들은 긍정과 부정이라는 단어를 굳이 생각하지 않는다. 어차피 "긍정이든 부정이든 나에게는 모두 기회"라고 생각하기 때문이다. 그래서 성공자들은 환경에 많은 영향을 받지 않는다. 오히려 환경을 자신의 기회로 삼는다.

현재 하는 일에서 동기를 찾는 법

현재 하고 있는 일에서 자신의 꿈을 찾는다는 것은 삶의 방향성을 명확히 하고, 더 큰 만족감과 열정을 느끼게 해주는 중요한 의미를 가진다. 나 또한 이렇게 일을 하면서 시간을 쪼개어 가며 책을 쓰고 있는 것은 바로 '부정적인 생각에서 긍정적인 생각으로의 전환' 덕분이었다.

현장 일을 하면서 몸도 이곳저곳 아프고, 과도한 스트레스로 마음의 짐이 생겨나던 어느 순간, 나는 '생각'을 전환하게 되었다. 개인 사업자가 되어 직장인의 평균 임금(300~400만 원)보다 더 많은 수익을 올리며 생활했지만, 문득 이런 생각이 들었다.

"대충 먹고사는 건 해결됐는데, 분명히 이건 내 꿈이 아니야. 매일매일 건설적인 부분도 없고, 비전도 없고, 내가 선택할 수 있는 여지도 거의 없어."

이러한 자각은 내가 잊고 살았던 '생각의 힘'을 다시 끄집어내는 계기가 되었고, 마인드 훈련을 위해 유튜브와 게임에 몰두하던 나의 일상을 바꾸는 전환점이 되었다. 그 후 나는 성공과 관련된 영상을 찾아보고, 듣고, 책을 읽으며 예전에 깨달았던 생각의 법칙을 더욱 간절히 실천해 나가고 있다. 특히 책을 읽고 쓰며, 나의 목표를 매일 외치는 일은 하루도 빠짐없이 계속하고 있다.

나의 일, 나의 동기를 공유한다.

"현재 내가 하는 일에서 가장 좋아하는 부분은 무엇일까?"
→ 명확한 작업 분량이 정해져 있다는 것이다. 작업이 끝나면 책을 쓰고 강의 연습을 할 수 있는 나만의 시간을 가질 수 있다.

"이 일을 할 때 시간을 잊을 정도로 몰입하는 순간은 언제인가?"
→ 성공에 관련된 오디오를 들으며 작업을 최단 시간에 끝내고, 책을 쓰는 나 자신을 상상할 때이다.

"현재 내가 하고 있는 일이 사회, 조직, 사람들에게 어떤 기여를 하고 있을까?"

→ 내가 하는 일은 환경과 밀접한 관련이 있고, 유통 과정의 중간 단계에 해당된다. 나의 성실함은 타인에게 경제적인 가치를 제공하는 데 도움이 된다.

"현재 일을 선택한 이유는 무엇인가?"

→ 처음에는 생계유지를 위해 시작했지만, 이 일을 통해 다시금 나의 꿈을 바라보게 되었고, 목표로 가기 위한 소중한 과정이 되었다.

이제 나는 현재의 일을 '꿈의 초석'으로 바라보고 있다. 이 일을 통해 더 큰 꿈으로 나아가기 위한 경험과 스킬을 얻을 수 있고, 가족을 부양하는 가장으로서 가족들에게 큰 걱정을 주지 않으면서 목표를 향해 달려갈 수 있다.

마인드 훈련을 통해 스스로에게 질문했다.

"만약 돈과 시간이 충분하다면, 나는 지금 이 일을 계속할까?" 대답은 단호히 "아니"였다. 그리고 바로 이 순간이 나의 새로운 출발점이 되었다.

지금 하고 있는 일이 때로 중요하지 않게 느껴질 수도 있다. 하지만 분명한 것은 지금 당신이 하는 일이 당신의 꿈을 실현하기 위한 필수 경험이라는 점이다. 꿈을 찾는 과정은 시간이 걸리며, 꾸준히 탐구하고 뇌에 신호를 보내야 한다. 현재의 일이 나와 맞지 않더라도, 그것은 분명 꿈을 발견하고 정의하는 데 중요한 단서가 될 수 있다.

과정과 성장을 추구하는 마음으로 현재의 일을 바라보라. 하루 10분이라도 꿈을 위한 시간에 투자하면, 당신의 꿈은 점차 구체화될 것이다.

나는 부정적인 상황이 나에게 없었다면, 여전히 무의미하게 하루하루를 흘려보내고, 매달 말 수익만 받으며 꿈이란 단어조차 잊은 채 살아갔을 것이다. 독자에 따라 나의 상황이 이해되지 않을 수도 있다. 그러나 나는 내 삶이 "나쁘다"거나, "이렇게 사는 건 죄악"이라고 말하고 싶은 것이 아니다.

이 글은 단지 인생이 무미건조하고 결핍을 느끼며 '성공하고 싶은 사람'에게 전하는 메시지일 뿐이다.

바닥을 경험하지 않은 성공자는 없다

진짜 성공한 사람들에게는 거의 한 번쯤은 불행하거나 가난한 시절이 있었다. 그렇다고 무조건 밑바닥을 경험해야만 성공할 수 있다는 이야기는 아니지만, 대부분의 성공자들은 실패에서 오는 경제적인 바닥을 경험해 봤다는 이야기다. 단, 그들은 가난한 생활을 하면서도 성공할 것이라는 확신을 가지면서 살아가고 있다는 긍정적인 "착각"을 한다. 그렇다면 당신도 그렇게 착각해 버리면 된다.

성공자들은 그런 불행들과 가난한 시절을 성공의 발판으로 삼고 정상에 오르게 된 것이다.

밑바닥을 경험한 후 성공을 거둔 사람들은 역경 속에서도 포기하지 않고 꿈과 목표를 향해 끊임없이 나아갔다. 성공자들의 이야기는 도전, 끈기, 그리고 강인한 정신력을 보여준다.

아래에 몇 가지 대표적인 사례를 소개한다.

1. 오프라 윈프리(Oprah Winfrey)

밑바닥 경험

- 가난한 가정에서 태어나 어린 시절 학대와 가난 속에서 성장.

- 14살에 미혼모가 되었지만, 아이를 잃는 아픔을 겪음.

- 방송 초창기에는 외모와 스타일 때문에 해고당한 경험도 있음.

성공 요인

- 어려움 속에서도 학업과 경력을 쌓아나가며 언론계에 진출.

- 독창적인 진행 방식과 감동적인 이야기로 세계적인 토크쇼 호스트로 성공.

- 자신의 브랜드와 회사를 설립해 억만장자가 됨.

교훈

- 역경은 오히려 자신을 성장시키는 디딤돌이 될 수 있다.

2. J. K. 롤링(J.K. Rowling)

밑바닥 경험

- 이혼 후 어린 딸과 함께 경제적 빈곤 속에서 살아감.

- 우울증과 생활고에 시달리며 정부 보조금을 의지.

- 《해리 포터》 원고가 12개의 출판사에서 거절당함.

성공 요인

- 거듭된 거절에도 불구하고 끈기 있게 원고를 제출.

- 결국 《해리 포터》 시리즈로 전 세계적인 성공을 거두며 억만장자가 됨.

교훈

- 자신의 열정과 아이디어를 끝까지 믿고 노력한다면 역경을 극복할 수 있다.

3. 크리스 가드너(Chris Gardner)

밑바닥 경험

- 결혼 실패와 사업 실패로 인해 아들과 함께 노숙 생활을 경험.
- 일하면서도 안정된 주거 환경을 갖지 못한 채 극심한 생활고를 겪음.

성공 요인

- 증권 중개인의 꿈을 이루기 위해 밤낮없이 공부하고 일함.
- 이후 투자 회사 설립과 성공적인 기업가로 자리 잡음.
- 그의 이야기는 영화 〈행복을 찾아서(The Pursuit of Happyness)〉로도 잘 알려짐.

교훈

- 아무리 어려운 상황이라도 희망과 노력을 놓지 않으면 성공할 수 있다.

4. 하워드 슐츠(Howard Schultz) - 스타벅스 CEO

밑바닥 경험

- 가난한 가정에서 성장, 어린 시절 아버지의 실직으로 경제적 어려움을 겪음.
- 처음 스타벅스에 입사했을 때, 창업 아이디어가 거절당함.

성공 요인

- 끊임없이 설득하여 아이디어를 실현하고, 스타벅스를 글로벌 커피 브랜드로 성장시킴.
- 스타벅스를 통해 따뜻한 커뮤니티 문화를 창조.

교훈

- 열악한 환경에서도 꾸준한 노력과 아이디어로 자신만의 길을 개척할 수 있다.

5. 엘리엇 키프(Ellyse Perry)(확인 요망) - 운전기사에서 CEO로

밑바닥 경험

- 젊은 시절 우버와 리프트에서 운전기사로 생계를 유지하며, 기술 스타트업을 창업하려다 실패.
- 경제적 위기와 실패 속에서도 학습과 도전을 멈추지 않음.

성공 요인

- 실패에서 얻은 교훈을 바탕으로 두 번째 창업에 성공.
- 현재는 기술 업계의 영향력 있는 CEO로 성장.

교훈

- 실패는 배움의 기회이며, 인내와 끊임없는 도전이 성공으로 이어진다.

6. 토니 로빈스(Tony Robbins)

밑바닥 경험

- 어린 시절 극심한 가난과 불안정한 가정환경에서 성장.
- 고등학교 졸업 후 청소부로 일하며 힘겨운 삶을 살아감.

성공 요인

- 자기계발 서적과 세미나를 통해 자신을 바꾸기 시작.
- 이후 세계적인 동기부여 강연자이자 베스트셀러 작가로 성공.

교훈

- 자기 변화는 자신이 시작해야 하며, 이는 누구나 가능하다.

위의 사례들에서 보듯이 밑바닥에서 시작해 성공한 이들의 공통점은 끈기, 긍정적인 태도, 실패에서 배우는 능력, 그리고 꿈에 대한 열정이다. 이들의 이야기는 역경을 겪고 있는 사람들에게 희망과 동기를 제공하고 중요한 것은 상황이 아니라 그것을 대하는 우리의 목표와 태도, 목표에 대한 의지라는 점을 기억해야 한다.

나에게 가장 가까운 성공자의 사례를 간단히 소개하려 한다.
내겐 최고의 멘토가 계신다. 바로 "아버지"이다.
내가 고등학교에 재학 중이던 90년대에 우리 집의 경제 상황은 거의 밑바닥이었다. 아버지의 사업 실패로 인한 수억 원의 빚 때문에 갑작스레 몇 가구밖에 없는 시골의 월세 십만 원짜리 조립식 집에 살게 되었다. 그 시절 우리 형은 대학생이었고, 학교 근처 식당에서 아르바이트를 하며 식당 안에서 숙식을 해결했었다. 지금까지 불행 중 다행이었다고 생각된 것은 내가 공부를 못해서 실업계 고교에 진학했기 때문에 고3 말 취업(수원 신일산업)을 해서 부모님을 조금이나마 도울 수 있었다는 것이다. 그리고 아버지가 가끔 호떡 비슷한 빵(마트에 파는 여러 개 들어있는)을 사오실 때면 그것 하나만으로도 행복했었다.
그렇게 시간이 흘러 아버지께 들은 이야기 중 나의 마음을 가장 슬프게 했던 이야기가 있다.
어떻게든 가정을 잘 이끌어 나가기 위해 90년대 당시 반려견 사료 판매점을 운영하셨는데, 잘되지 않았다.

어느 날 가게 문을 닫고 집으로 향하시던 아버지는 너무 배가 고파 고민을 하셨다고 한다. 지갑에 2천 원밖에 들어있지 않아서였다. 그때 당시 김밥 한 줄에 "천 원"이었는데, 너무 배가 고파서 천 원짜리 김밥을 사먹으면 버스를 타고 갈 수 없어(그 당시도 좌석버스 요금은 천 원을 넘었다.) 2시간 정도 걸리는 집까지 걸어가야 하는 상황이었다고 한다.

어느 날 고작 천 원 하나로 고민을 할 수밖에 없던 우리 집의 상황에서 아버지는 나와 형에게 엄청난 말씀을 하셨다.
"우리가 정씨 가문을 살리자. 그리고 우리 정씨 가문 깃발도 만들자."라는 것이었다. 그 당시 나와 형은 집안이 어려운 상황에 처해 있었더라도 아버지의 말씀을 긍정적으로 받아들였었다. 하지만 나는 마음 한편으로 현실성이 없는 말씀으로 인식했었을지도 모른다.
그런데 여기서 생각해 볼 것은 월세 십만 원 조립식 집에 살면서 그 작디작은 호떡 빵 하나로 행복감을 느끼던 때에 이런 말씀을 하셨다는 것이다. 지금 현실적으로 생각해 보면 어처구니가 없을 수 있다.
지금 돌이켜 평범한 생각으로 접근하면 그때 "아버지는 아주 큰 병쟁이"였다. 그렇지만 아버지는 몇 년이 지나서 않아서 "자수성가"를 이루셨다.

보통 마인드를 가지지 않고서는 월세 십만 원짜리 집에 살면서 가문이니, 깃발이니 하는 이야기는 정말 어려운 이야기일 수 있다. 엄청나게 힘들 때 아버지는 미래에 대한 확신이 있으셨고, 그 확신을 현실로 구체화하신 것이다.

이처럼 성공한 사람들은 모두 가난하고 힘든 시절이 있었다. 만일 당신이 지금 밑바닥 생활을 하고 있다면, 이것을 "성공하기 위한 필수 코스"라고 생각하고 성공으로 나아갈 수 있는 행동을 한다면, 반드시 풍요로운 날들이 앞으로 펼쳐질 것이다.

자연과 우리의 뇌는 100원과 1,000억 원을 구분하지 않는다

세상의 기준들은 사람들이 만든 것이다. 자연에게 사람들이 "잡초는 모두 다 쓸모없으니 자라지 말라."고 이야기한다고 해서 없어지지 않는다. 하나님은 이 부분도 특별하게 창조하셨다. 사람들이 먹을 수 있는 식물은 관리하지 않으면 자라나기 힘든 반면, 잡초는 사람들이 관리하지 않기 시작하면 감당할 수 없을 정도로 자라난다. 잡초는 자연의 법칙에 따라서 알아서 자랄 만큼 자란다. 자연의 법칙에 따라서 흘러간다.

돈에 대해 백억 원, 천억 원의 기준은 누가 만든 것일까? 바로 사람이다.

자연이 천억 원을 가진 사람에게 우호적일까 비우호적일까?

나무가 스스로 판단해서 부자가 키우면 열매를 많이 맺고, 가난한 사람이 키우면 열매를 적게 맺는가? 아니다. 거의 동일하다. 부유한 자든 가난한 자든 자연이 볼 때는 그냥 사람인 것이다. 그런 것을 따지지 않는다. 이와 마찬가지로 우리의 뇌도 동일하다. 당신이 어떤 사람인지는 중요하지 않다. 우리의 뇌는 우리가 생각하는 것만 집중해서 그 길에 대한 방향성과 방법을 제시한다. 즉, 성공과 부유함은 누구나가 법칙대로 행한다면 가질 수 있다는 말이다.

그럼 '만약에'라는 가정을 세워 한번 생각해 보자.

하나님이 만드신 우주가 있다. 이 우주는 우리에게 우호적이며, 우리가 생각하고 원하는 모든 것을 해준다고 가정해 보자. 우주는 천 원이나 천억 원의 가치를 다르게 보지 않는다. 숫자 혹은 종이일 뿐이다. 우주나 자연은 크고 작은 것을 따지지 않는다. 이것은 사람이 만든 기준일 뿐이다. 우주는 우리가 원하는 크고 작은 것은 따지지 않는다. 교육수준이 높은 사람이건 낮은 사람이건, 키가 작든 크든, 우주는 그냥 '사람'으로 본다는 것이다. 자신의 한계를 직접 정하지 말고 일단 원하는 것이 있다면 요청해라.

다음 글은 1977년 미국 로스앤젤레스에 살고 있던 한 여성의 실화이다.

> 어느 날 저녁, 나는 한 세미나에 참석했다가 어떤 사람이 상상력 × 생동감 = 현실이라는 원리를 설명하는 걸 들었다. 강사는 우리가 생각을 할 때 문자가 아닌 영상으로 생각한다는 점을 강조했다. 따라서 자신이 원하는 것을 마음의 화면에 생생한 그림

으로 떠올릴 수 있으면 그것이 곧 현실로 나타난다고 그는 강조했다.

이 세미나를 듣고 '내 가슴이 원하는 것'을 잘 묘사해 주는 그림들을 오리기 시작했다. 나는 그 그림들을 멋진 사진 앨범 속에 정리해 놓고는 기대를 갖고 어떤 결과가 일어나길 기다렸다. 원하는 것들에 대한 구체적인 사항은 이러하다.

1) 잘생긴 남자
2) 웨딩드레스를 입은 여자와 턱시도를 입은 남자
3) 꽃으로 만든 부케(난 낭만적인 성격이다.)
4) 아름다운 다이아몬드 보석
5) 카리브해의 파란색 바다에 떠 있는 작은 섬
6) 사랑이 넘치는 아름다운 가정
7) 새로 산 가구
8) 최근에 큰 회사의 이사가 된 여성(나는 그 당시 여성 간부라고는 한 명도 없는 회사에서 근무하고 있었다. 난 그 회사의 첫 번째 여성 이사가 되고 싶었다.)

그로부터 두 달쯤 지났을 때, 아침 열 시 반에 약속이 있어 캘리

포니아 프리웨이를 열심히 달리고 있을 때, 멋지게 생긴 빨간색과 흰색 바탕의 캐딜락이 내 차 옆을 추월해 갔다. 너무 멋진 차이기에 그 순간 나도 모르게 힐끗 그 차를 바라보았다.

운전자는 나를 보고 미소를 지었다. 나도 무의식중에 미소를 보냈다. 그 미소 때문에 일이 생겨났다. 갑자기 그가 나를 따라오는 것이었다. 무심코 미소를 지은 건데 상대방이 자신에게 호감을 가진 것으로 오해한 것이라고 생각했다.

난 앞만 바라보려고 노력하며 열심히 차를 몰았다. 그 남자는 그 이후 25킬로미터나 내 차를 쫓아왔다. 겁이 나서 더 달렸지만 계속 쫓아와서 내가 차를 세우자, 그도 차를 세웠다. 나는 결국 그 남자와 결혼하고 말았다. 첫 번째 데이트를 한 날 그의 취미가 다이아몬드 수집이라는 것을 알았다. 2년 동안 연애를 했으며, 결혼하기 석 달 전쯤 그가 쪽지를 보내왔다.
"우리 신혼여행을 카리브해에 있는 세인트존스 섬으로 가면 어떻겠소?"

일 년이 지나서 우리는 멋진 새집으로 이사했으며, 내가 그림책에 오려 두었던 것들과 똑같은 우아한 가구들로 집 안을 장식했다. 우연히도 남편은 동부 스타일의 품위 있는 가구들을 서부 지역에 판매하는 큰 가구 도매상을 경영하고 있었던 것이다.

한편, 우리의 결혼식은 미국 서부에서 가장 아름다운 해변에서 올렸고, 불과 여덟 달 만에 나는 내가 근무하던 인간 능력연구소의 이사직에 취임했다. 당신의 삶에서 현재 자신이 어떤 것을 원하는지 결정하라. 그것을 마치 현실처럼 상상하라.

출처:《영혼을 위한 닭고기 수프 2》(글레나 샐스버리 저)

위의 실화는 아주 극히 드문 우연일까? 나에게는 이 실화가 정밀하게 '생각의 힘'에 의해 '설계'된 것처럼 보인다.
이 여성이 목표로 정한 것들은 현실적으로 보면 웃음이 나올 정도로 "불가능"에 가깝다.
여성은 자신을 직관적으로 보았으면, 저런 목표는 설정하지 못했다. 하지만 단지 생생하게 상상했을 뿐인데도 생각의 법칙은 이 여성에게 대답했다. 우연처럼 보이는 이러한 실화는 세상의 많은 사례들이 존재한다. 그렇다면 '저렇게 쓰고 상상했을 때 현실로 된다면 너무 쉽잖아!'라고 생각하는가? 맞다. 아주 쉽다. 문제는 "안 하는 것도 쉽다."는 것이다. 왜 자신에게 저런 일들이 생기지 않는 건가? 실천하지 못하고 있다는 뜻이 아니겠는가? 생각의 현실화는 꾸준함과 명확함이 비법이다.

마치 주말이 되면 교회에 가서 "이런저런 것들을 주세요."라고 기도한 후, 다음 주말이 되기 전 주중에는 하나님에 대한 생각도 안 하고, 성경에 나오는 말씀대로 살지도 않고, 기도도 안 하고, 주말이 되면 다시 교회에 가서는 "왜 기도했는데 안 주세요?"라고 하는 사람이 있다면, 그는 비합리적이고 이기적인 사람이다.
단 한 번의 강력한 생각으로 현실화가 되는 건 확실하다. 하지만 의도적으로 생각하고 꿈꾼다면 그 속도는 훨씬 빨리지는 것이다. 망상활성계(RAS)와 신경가소성을 의도적으로 사용해야 한다. 의도적으로 자신의 사고력을 바꾸어라. 그래야 자신이 원하는 모든 것을 가장 빠르게 이루어줄 것이다.

열세 살이 되었을 때 안젤라는 근위축증이라는 희귀병에 걸렸다. 신경계를 포함한 일종의 신체 무력증이었다. 차츰 걸음을 옮기는 것조차 불가능해졌으며, 몸을 움직이는 것도 한정된 부분만 가능했다.

의사들은 안젤라가 이 병에서 회복되리라는 희망을 전혀 갖지 않았다. 평생을 휠체어에 의지해 보내야 할 것이라고 모든 의사가 진단을 내렸다. 한번 이 병에 걸리면 정상적으로 돌아오는 사람이 거의 없었다는 것이었다.

그러나 열세 살 소녀는 포기하지 않았다. 그곳 병원 침대에 누워 안젤라는 자기의 말을 들어 주는 사람이면 누구에게나, 자기는 언젠가는 반드시 다시 걷게 되리라고 다짐하곤 했다.

그 후 안젤라는 샌프란시스코의 바다 근처에 있는 장애자를 위한 특수 재활 센터로 옮겨져 심리 치료를 받기 시작했다. 그녀의 증세에 적용될 수 있는 모든 정신 요법이 다 동원되었다. 심리 치료가들은 결코 포기하지 않는 그녀의 강한 의지와 정신력에 감동받았다.

그곳에서 심리 치료가들은 안젤라에게 시각화 요법을 가르쳤다. 휠체어에 의지하지 않고 정상적으로 걸어 다니는 자신의 모습을 계속해서 마음속으로 상상하는 치료법이었다. 그것이 실체 치료에는 아무런 도움이 안 될지라도, 적어도 그녀가 병원 침대에 누워 그런 상상을 하고 있는 동안에는 정신적으로 어떤 긍정적인 효과를 가져다주리라는 기대 때문이었다.

안젤라는 월풀(신체 장애자를 위한 물리치료법)이나 운동 등 신체와 관련된 치료법에도 열심이었지만, 침대에 누워서 하는 시각화 요법에도 강한 신념을 갖고 열심히 매달렸다. 그녀는 상상 속에서 걷고 또 걸었다.

그러던 어느 날, 안젤라가 다른 날과 마찬가지로 침대에 누워서 열심히 자신의 두 다리가 움직이는 상상을 하고 있을 때였다. 갑자기 기적이 일어났다. 침대가 움직인 것이다. 침대가 병실 안을 이리저리 움직이기 시작했다.

안젤라는 소리쳤다.

"이것 좀 봐요! 드디어 해냈어요! 난 해냈다고요! 내 다리가 움직였어요!"

물론, 이 순간 병원 안에 있던 모든 사람들 역시 소리를 지르며 대피소로 달려가고 있었다. 여기저기서 사람들이 비명을 지르고, 장비들이 바닥에 굴러다니고, 유리제품들은 산산조각이 났다. 샌프란시스코에 대지진이 일어난 것이었다. 그러나 절대로 이 사실을 안젤라에게 말해선 안 되었다. 실제로 아무도 말해줄 수가 없었다. 안젤라는 자신이 드디어 해냈다고 굳게 믿고 있었으니까.

그로부터 두 해가 지난 뒤인 지금, 안젤라는 다시 학교에 다니고 있다. 물론 자신의 두 다리로 걸어서다. 목발이나 휠체어 따위는 이제 필요 없게 되었다.

생각해 보라. 샌프란시스코와 오클랜드 일대의 대지를 뒤흔들 만큼 강한 신념을 가진 사람이 하찮은 신체의 병 따위를 정복할 수 없겠는가?

출처: 《영혼을 위한 닭고기 수프 2》(하녹 맥카티 저)

실로 놀라운 경험이다. 비록 다리가 움직이지 않고 지진이 일어나 착각을 했지만, 결론은 지금 두 발로 일어서서 학교에 다니고 있다고 한다. 회복되는 환자가 거의 불가능한 병에서 이처럼 강한 신념은 "지진"을 일으킬 만큼 강하다는 것이다.

우주는 우리가 바라는 것들을 모두 이행하려 한다. 그러나 대부분의 사람들은 실천의 중요성에 대해서 알지 못한다. 어떤 음식이 있다고 가정하면 그 음식을 먹어보지도 않고 그 음식에 대해서 맛을 평가하고 '어떤 맛이다.'라는 이야기를 할 수 있는가? 책이나 인터넷을 보고 어떤 맛인지는 대략 알 수는 있다. 하지만 당신이 다른 사람들에게 그 음식을 추천할 때, 진정으로 전달하며 먹을 것을 권유할 수 있을까? 먹어보지 못한 음식은 권할 때 진정성이 떨어질 수밖에 없다.

그 음식을 먹어본 사람의 의견을 신뢰하겠는가?

먹어보지도 못한 사람의 의견을 신뢰하겠는가?

글로 배운 지식은 경험과 실천을 절대로 따라가지 못한다.

스스로 되는지 안 되는지 해보지도 않고 판단하지 말고, 해보고 안 되면 그때 안 된다고 이야기해라. 그게 맞는 이치이다. 작은 것들부터 시작하라. 원하는 것을 쓰고, 붙이고, 말하고, 생각하라. 지속적으로 꾸준히 생각해라. 그러면 자신이 원하는 모든 것은 이루어진다. 장담한다. 약속한다.

우주의 법칙은 우리가 요구하는 모든 것들을 "가능", "불가능"이라고 구분하지 않는다.

당신이 성공하길 바란다면 원하는 목표를 정해라. 우주는 따지지 않고 들어준다.

실패는 없다. 단지 성공의 방법을 찾아가는 과정일 뿐

실패나 실수가 무조건 나쁜 것은 아니다. 왜냐하면 실수나 실패를 경험하게 되면 그 방법만큼은 정확히 알게 되기 때문이다. 이렇게 하면 실패한다는 걸 알면, 다음번에는 동일한 일로 실패하지 않게 해준 것에 감사해야 한다.

"실패는 낙담의 원인이 아니라 신선한 자극이다."

- 토마스 사우전

세상 모든 일에는 교훈이 있다. 아프다는 신호는 단지 아파서 그럴까? 아니다. 아프다는 신호는 무엇인가가 잘못되었다는 신호를 뇌에서 보내주고 있는 것이다.
"주인님! 주인님의 몸이 지금 정상이 아닙니다. 빨리 해결하세요." 라고.
경험으로부터 배우려 하지 않는 것은, 물건은 받지 않고 값을 치르려는 것과 마찬가지다.

다툼, 사고, 부부싸움 등등 모든 부정적인 일에는 교훈이 있다. 잘 생각해 보라. 부정이 있어야 긍정도 있다는 것을, 다툼이 있어야 상대의 단점을 알아 간다는 것을, 사고가 나면 비로소 다시 그 사고를 당하지 않기 위해 다른 방법들을 알아 간다는 것을….

"실패라는 건 없다. 단지, 성공하는 방법을 알아가는 것이다."라는 말은 실패를 단순히 부정적인 결과로 보는 대신, 성공으로 가는 과정에서 필연적으로 발생하는 학습의 기회로 받아들이는 긍정적인 관점을 강조한다. 어차피 실패는 과정의 일부일 뿐이다. 절대로 움츠러들 필요가 없다.

실패는 성공을 이루기 위한 필연적인 단계로 보면 된다. 어떤 목표를 달성하기 위해 새로운 것을 시도하거나 도전하는 과정에서 발생하는 실수나 실패는 피할 수 없는 일이다.

예를 들어, 발명가 토머스 에디슨은 전구를 발명하기까지 수많은 실험(10000번)을 해서 실패했지만, 그는 이를 "성공하지 않는 방법을 발견한 과정"이라고 보았다. 에디슨의 이러한 마인드로 인해 "전구"가 발명된 것이다.

이렇게 모든 일에는 교훈이 있다. 어떠한 부정적인 상황이 생겨날 때에는 분노만 표현하지 말고 한번 생각해 보라. '지금 이 상황이 나에게 주는 교훈은 어떤 걸까?'라고.

이렇게 생각하고 나면 마음이 편해지고 원인을 알게 된다. 원인을 알면 과정이나 결과는 당연히 눈에 보이게 되는 것이다. 질병의 원인을 알고 있다면 당연히 걸리지 않기 위해 노력할 것이고, 질병에 걸리지 않을 방법을 알게 되며, 병에 걸리지 않을 확률이 높아진다. 다툼의 원인을 알게 된다면 원인이 생기지 않게 노력할 것이며, 사고의 원인을 알게 된다면 사고가 적게 일어날 것이다.

이처럼 우리의 인생에 목표가 있다면, 자신이 어떤 방향으로 가고 어떤 결과가 도출될 것이라는 것은 아주 당연한 이치가 된다. 목표 없이 사는 인생은 어떻게 살아야 올바르며, 어떻게 살아야 부유하고 풍족하게 살 수 있는지 절대 알 수 없다. 그냥 열심히 땀 흘려 먹고살 만큼만 살고 싶다면 목표 없이 먹고살 정도로 노력하고 살면 된다.

하지만 "먹고살 정도"는 함정이 존재한다. 예상치 못한 집값, 자동차 수리비와 병원비, 세금 등 조금이라도 큰 지출이 발생하게 되면 정신적인 스트레스가 다가온다. 그것도 자주.

성공하기 위해서는 반대로 생각하면 된다. "지금 내 현실이 가난한

데 어떻게 '풍족하다'고 생각할 수 있어요?"라는 질문을 던지면 나는 과감하게 이야기할 수 있다.

"그렇다면 지금 가난한데, 가난에 대한 생각을 하면 상황이 바뀌는 것일까? 그리고 지금 이 순간 부유하지 못하기 때문에 이 부족함을 해결하려면 부유한 생각을 해야 하는 것이 당연하다고 이야기해 주고 싶다. 가난에 집중한다고 해서 가난에서 벗어나게 될까? 절대 그런 일은 없다. 미래에 잘 살고 싶고 지금보다 풍족하게, 즉 노골적으로 표현하면 돈 걱정 없이 행복하게 가족과 살고 싶을 것이다.

가난의 뿌리를 부유함의 뿌리로 바꾼다면, 당신에게 기회가 온다. 원하는 것에만 집중하라. 집중하면 주변의 장애물들이 보이지 않고 목표만 보일 것이다. 눈을 돌리고 고개를 돌릴 때만 장애물이 보이는 것이다. 그럼 다시 집중하면 된다.

실수나 실패는 "무조건" 찾아온다. 그때에 다시 일어나서 전진하면 당신의 목표를 이룰 수 있다.

"상상은 삶의 핵심이다. 다가올 미래의 시사회다."

- 알버트 아인슈타인(1879~1955년)

성공의 법칙은 누구에게나 열려 있다

"성공의 법칙은 무료다."라는 말은 성공을 이루는 데 필요한 생각과 원칙이나 마인드는 누구에게나 열려 있고, 돈으로 살 수 있는 것이 아니라는 점이다. 즉, 성공을 이루기 위해 필요한 것은 돈이 아닌 태도, 생각, 올바른 마인드라는 뜻이다. 성공을 이루기 위한 첫걸음은 자신의 사고방식과 태도다. 긍정적인 생각, 목표 설정, 실패를 학습으로 받아들이는 자세는 모두 개인의 의지에 달려 있다.

이런 사고방식은 누구나 가질 수 있는 것으로, 비용이 들지 않는 공짜다.

예를 들어, 성공을 목표로 삼는 의지나 자신감은 돈으로 살 수 없듯이, 이는 스스로 선택하고 형성하는 것이다. 세상에는 무료로 제공되는 지식과 성공의 원칙들이 많다. 책, 강연, 인터넷 자료 등으로, 누구든 배울 수 있는 기회는 차고 넘친다. 성공의 법칙은 단순하지만, 이를 실천하는 것이 핵심이다. 작은 습관을 개선하거나 실패를 극복하는 과정은 시간과 노력의 문제이지 금전적인 문제는 아니다.

성공의 법칙은 이미 우리 내면에 존재하는 자원을 활용하면 된다. 예를 들어 시간, 열정, 노력, 창의성 같은 자질들은 모두 누구에게나 주어져 있으며, 이를 잘 활용하는 것이 성공의 열쇠다. 성공의 법칙은 공짜지만, 실행하지 않으면 아무 소용이 없다. 생각만 하고 행동하지 않으면 성공의 가능성은 없다. 따라서 이 성공의 법칙은 행동을 요구한다. 비용이 들지 않으니, 망설이지 말고 시도하라는 메시지를 여러분들에게 진심으로 전한다.

"성공의 법칙은 무료다."라는 말은 우리 모두가 동등하게 성공할 가능성을 가지고 있다는 메시지를 내포하고 있다. 앞서 이야기한 내용 중, 우주는 우리를 구분하지 않고 바라본다를 생각해 보면 이해가 될 것이다. 중요한 것은 그 가능성을 얼마나 믿고, 실행에 옮기느냐이다. 생각을 긍정적으로 바꾸고, 내재된 자신의 자원을 활용하며, 행동으로 옮기는 것이 성공으로 가는 가장 확실한 길임을 알아야 한다. 대부분의 사람들이 잘 살려고, 행복하려고 노력한다. 하지만 자신이 원하는 것이 무엇인지, 어떻게 생각해야 하는지 몰라서 가난하게 살아가는 것이다.

성공의 법칙(끌어당김의 법칙)이 이해하기 힘들어서 가난하게 사는 것이 아니다. 시도도 하지 않고, 믿지도 않기 때문이다. 믿음이 부족하다면 성공자들의 책과 발자취를 찾아 공부해라.

성공자들이 지금 당신에게 인생의 계획표를 제시해 주고 있다. 믿어라! 가난하다면 손해 볼 것 없지 않은가? 믿어라! 지금 원하는 것을 하고 있지 않다면 손해 볼 것 없지 않은가? 앞서 언급했듯이 "생각은 무료"라고 했다. 가난해서, 또는 돈이 들기 때문에 하기 힘들다는 것은 그냥 하기 싫은 "핑계"일 뿐이다. 무료다! 무료! 무료! 무료!

이 책을 보면서 무언가 해답을 찾으려 하는 사람은 분명 지금 현실이 무척 힘들거나, 꿈이나 목표가 없는 사람일 것이다. 목표가 있는 사람이 현재 힘든 상황에 놓여있다면, 당신의 성공 사다리에 발판 하나가 더 생긴 것이다. 걱정할 필요가 없다. 그럼 도대체 부정적인 자존심을 내세울 이유는 무엇인가? 부정적인 자존심을 내려놓지 않으면 모든 일에서 실패하게 된다.

행복하고 풍요롭게 살고 싶다면 자존심을 내려놓고 '밑져야 본전이지!'라는 생각을 가지고 실천해 보라. "성공의 법칙은 무료다."

완벽한 준비보다, 일단 출발하는 것이 중요하다

이 책을 집필하기 전, 나의 멘토이신 "아버지"로부터 영향을 받은 후 좀 더 자세히 알고 싶어서 많은 성공자들의 책을 읽었다. 많은 책들이 있었지만, 중점적으로 《시크릿》, 《부의 비밀》, 《백만장자 시크릿》, 《영혼을 위한 닭고기 수프》, 《위대한 확언》, 《레버리지》 등의 책을 통해 내 인생의 돌파구를 찾게 되어 마인드를 변화시킬 수 있었다.

30년 동안 모든 교육 부문에서 꼴찌를 하던 내가 이런 책을 쓰는 것은 즐거워서 하는 일인 동시에, 내가 원하는 것에 대한 좋은 방향이기에 실천하게 된 것이다. 30년간 교육 부문에서 꼴찌로 달려왔다고 해서 남을 앞지르지 못한다는 이유는 어디에 있을까? 공부를 못해도 운동신경이 뛰어나면 앞지를 수 있고, 남들보다 빨리 출발하면 당연히 먼저 결승점에 도착할 수 있는 것이다. 여기서 중요하게 바라보아야 할 것은 바로 "출발"하는 것이다.

위대한 성공과 작은 성공은 바로 "출발부터"이다.

늦는다고 앞지르지 못할 거 같은가? 아니다. 더 빨리 달릴 마음가짐과 연습만 한다면 충분히 가능하다.

"생각은 무료다.", "원하는 것을 생각하며 즐겁고 행복하고 사랑스러운 기분이 생겨나야 정말 자신이 원하는 것이다.", "가난하다면 밑져야 본전이다. 돈 들지 않는다."

그냥 믿지만 말고 해봐야 한다. 정말 원하는 것을 생각하고 즐거운 감정이 생겨난다면 분명히 된다. 성공자들의 책을 읽어봐라. 동일하게 성공한 모습을 볼 수 있다. 그것을 알고 있는가? 성공자들도 처음에는 가난했다는 사실을. 한번 해봐라! 생각은 무료다. 무료! 무료! 무료!!

정말로 자신이 원하는 것이 있다면 적고 붙여라! 예를 들어 멋진 시계, 멋진 차, 멋진 집, 멋진 옷, 여행, 이상형(외적으로 비슷한 연예인) 등 집에 가장 잘 보이는 곳에 적고 붙여 놓아라.

내가 하지도 않는 방법을 실천하라고 말하면 거짓이다. 하지만 나는 항상 실천하고 있다. 원하는 것을 생각하고, 잡지를 읽다가 원하는 것이나 가장 비슷한 것을 발견하면 바로 잘라서 붙인다. 그리고 적는다.

내가 하는 아침 루틴이 있다. 아침에 일어나면 내가 원하는 것들을 컴퓨터로 작업한 이미지 파일을 프린트해 놓고, 휴대폰 갤러리에 저장한 자료를 들여다본다. 그냥 들여다본다. 아침에 제일 먼저 들여다보면 나의 마인드가 긍정적 리셋이 된다. "그래. 오늘 하루도 나의 목표를 향해 성공적으로 가자." 이 말을 잠재의식에 습관이 생기도록 매일 다짐한다. 이러한 행동은 매일 새로운 하루를 시작하게 도와준다.

아침 루틴 중 1시간 정도 러닝을 하는 습관을 가지고 있다. 일주일에 무조건 6번은 달리기로 목표를 잡았고, 6개월 이상 특별한 이유(몸이 아플 때)를 제외하고는 무조건 지켰다.

이 정도로 습관이 형성되면, 자동적으로 운동을 하러 간다고 생각할지도 모른다. 하지만 여름, 봄, 가을은 그나마 괜찮았는데, "겨울"이 되면서 아침마다 "추운데 하루만 쉴까!", "좀 피곤한 것 같기도 하고.", "몸이 아픈 것 같은데." 등 여러 잡생각이 들기 시작했지만, 그럴 때마다 바로 내가 원하는 것들의 이미지(날씬하고 건강한 몸)를 보면서 다시 마음을 다잡은 다음 신발을 신고 운동 하러 밖으로 나갔다.

이 방법이 필요한 이유는 원하는 것이 생겼을 때 꾸준히 생각하는 것에 많은 도움을 주기 때문이다. 붙이고 적어 놓은 것을 잘 보이는 곳에 걸어 놓으면, 볼 때마다 자신의 의도를 다시 점검할 수 있는 좋은 방법이 되는 것이다.

나의 생각만으로 얻어낸 경험사례가 있다.
4년 동안 자가용 차를 4번이나 바꾸어 탄 사례이다.

    1) 대학원 입학 후 경차
    2) 1년 뒤 준형 구입
    3) 1년 뒤 오픈카
    4) 1년 뒤 벤츠

여기서 중요한 것은 나는 땡전 한 푼 벌지 않는 대학원생이었다는 것이다.
그리고 또 이렇게 생각할 것이다.
'집이 부유한가 보네.'
맞다. 나의 멘토이신 아버지의 자수성가로 집이 넉넉한 편이다. 하지만 저 값비싼 차를 1년마다 바꿔주실 만한 부모님이 아니다. 저렇게 값비싼 차를 원한다고 바꿔주실 정도로 부유한 부모님이었다면, 맨 처음부터 경차를 타지 않았을 것이다. 내가 처음부터 경차를 원했기 때문이다.

여기서 중요한 부분은, 원하는 것이 생겨 부탁을 드릴 때는 항상 아버지께서 목표의식을 심어 주셨다. 예를 들면, 아버지께 "지금 몹시 배가 고픕니다. 밥 좀 주세요."라고 했을 때, 아버지께서는 나에게 "반찬과 쌀과 물을 구해 와라. 그럼 밥을 지어 줄게."라는 형태였다.

목표의식이 생길 때마다 내가 진정으로 원한 것은 포기하지 않고 달려들었는데, 그 과정에서 이기적인 부분도 있었다. 내가 원하는 것이 있으면 우리 집 또는 주변의 형편과 환경, 상황은 무시하고 내가 원하는 것만 생각했다는 것이다. 그러나 이기적이기보다는 집중했다고 생각한다. 그리고 막연히 원했던 부분은 포기를 했었다. 구체적인 목표가 없었기 때문이다. 어떤 목표이건 내가 정말 원하는 것이 목표일 때 조금도 지치는 경우가 없었고, 목표를 향해 가는 과정 또한 즐겁게 행동했다는 것이다.

그리고 더 놀라운 경험은 마지막 벤츠였다. 벤츠를 갈망하게 된 것도 재미있는 상황으로 생겨났다.

이미 아버지께서 나에게 프로모션을 걸어둔 상태였다. 박사과정 중이었던 나에게 박사 학위를 취득하면 내가 원하는 새 차를 사주겠다고 하셨다. 하지만 내가 정작 원하는 차를 타게 된 시점은 박사과정 1년 차 때였다. 아직도 2~3년이라는 시간이 남아 있었다. 내가 원하는 차의 이미지를 내 방 컴퓨터, 휴대폰 화면, 대학원 조교실 책상, 방문, 침대 천장, 화장실 모두에 붙여 놓고 항상 바라봤다. 그리고 시승식도 경험했다.

너무 가지고 싶은 나머지 매일 "시각화"를 하고 있을 때인 어느 날, 갑자기 아버지께서 "박사 학위 취득하면 새 차를 사주고, 지금 원하면 중고차를 사주겠다."고 말씀하신 것이다.

내가 알고 있는 우리 아버지는 결정을 번복하시는 성격이 절대로 아닌데, 조금 의아했다. 그러고는 "앞서 한 소녀의 생각으로 지진을 일으켰듯이 나의 생각의 힘으로 아버지의 마음을 바꿔 놓았구나,"라고 생각했다.

이 이야기고 있고 나서 나는 바로 목표를 재설정했다. 내가 원하는 년, 월, 일까지 정해 놓고 생각을 구체화했다. 하지만 원하던 년, 월, 일에 나에게 벤츠는 오지 않았다. 하지만 상심하지 않고 포기하는 마음보다는 더욱더 끈기 있게 긍정적으로 생각했다.

'더 좋은 차가 나에게 오고 있기 때문에 그러는 것이다.'라고 나의 마음에 되새기고 또 되새겼다. 그러다 2주 후에 친척 문상차 전 가족이 대전을 가게 되었는데, 전혀 생각지도 못한 장소, 상황에서 너가 정말 원하는 벤츠(3000키로만 주행한 거의 새 차)를 대전 장례식장에 갔다가 근처에서 구입한 후 내가 직접 운전해서 부산으로 오게 되었다. 중간 과정을 구구절절 다 설명할 수 없는 것을 이해 바란다. 어찌됐건 장례식장을 갔을 때, 내가 원하는 차를 타게 될 줄 누가 알았겠느냐, 이 말이다. 자세히 보면 내가 예측할 수 없는 아주 비정상적으로 원하는 것을 받았다.

내가 알게 된 것은 편안한 마음이 정말 필요하다는 것이다. 장례식장을 가기 전까지는 "원하는 날까지 무조건 타야 해."라고 나의 마음에 조급함이 생겨버린 것이다. 하지만 원하는 날에는 생기지 않았지만, 그래도 포기하지 않고 "더 좋은 것이 나에게 오고 있다."라는 확신을 신념에 담아두고 잠시 마음을 내려놓으면서 편안한 마음을 가졌다. 그런데 2주일도 지나지 않아서 내가 원하는 차가 생긴 것이다.

위 경험 중 내가 스스로 노력해서 원하는 것을 받은 경우는 생각하는 노력 말고는 없었다. 그리고 내가 스스로 차를 구입(중고시장, 인터넷)하려 달려들었지만, 단 한 번도 구입할 수가 없었다. 그냥 믿고 맡겼다. 그리고 원하는 것을 받는 과정 또한 내가 예상한 경로는 없었다. 단 하나도 없었다는 말이다. 그냥 받을 것이라는 확신만 있었을 뿐이다.

내가 경험한 것은 이것 말고 말할 수 없을 정도로 많다.

나는 위 경험을 통해 원하는 것을 생각했을 때, 즐겁고 행복하고 절로 웃음이 나는 목표야말로 '원하는 것'이라는 해답을 얻었다. 즐거워서, 행복해서, 아주 꾸준히 생각을 하게 되었던 것이다. 위에서 보았듯이 원하는 것을 꾸준히 생각하고, 그 생각에 도움이 될 수 있는 시승과 사진 등을 적고, 붙이고, 생각했다.

이 방법을 모두 실천해 본 결과, 지금은 사랑하는 아내가 잘 타고 다니고 있고, 나는 우리 4인 가족을 위한 다른 벤츠 SUV를 타고 있다. 하지만 더 원하는 차가 생겨서 또 원하고, 붙이고, 적고 생생하게 그리고 있다. 난 경험을 했다. 실천방법 그대로 하면 온다는 것을. 정말 말도 안 되는 기적 같은 상황으로 받게 된다는 것을 확실하게 믿는다. 세상 모든 사람들이 나에게 "그 방법은 틀렸어!"라고 할지라도 나는 "된다!"라고 말할 수 있는 확실한 신념이 생긴 것이다.

내가 예상할 수 없기 때문에 그것이 이루어질 때 너무나도 황홀하고 즐거운 감정이 발생한다.

내가 예상 가능하다면 그것은 꿈과 목표가 아니라 한낱 흔한 "스케줄"일 뿐이다.

성공의 과정은 예상 밖의 일들로 가득하다

"성공으로 가는 길은 대부분 예상 밖의 일이다."라는 말은 성공을 이루는 과정에서 예상했던 계획대로만 진행되는 경우는 드물다는 점이다. 목표를 세우고 계획을 짜는 것은 정말 중요하다. 하지만 실제 실행 과정에서 계획과 현실은 크게 다를 수 있다. 성공으로 가는 길에는 예상하지 못한 도전이나 우연한 기회가 나타나기 마련인데, 이를 통해 배우고 적응하며 새로운 방향을 찾는 능력이 나의 성공으로 향하는 길이다.

성공의 길에는 우연한 기회가 큰 변화를 만든다. 그래서 우리는 항상 마인드 훈련을 꾸준히 해야 하는데, 예상 밖의 일을 기회로 전환할 수 있는 사람이 되어야 한다. 그래야만 기회를 잡을 수 있고, 변한 환경에서 적응하고 성장할 수 있다.

페이스북의 설립자인 마크 저커버그는 단순히 친구들과의 소셜 네트워크를 만들기 위한 아이디어에서 시작했지만, 그 플랫폼이 전 세계로 확장될 줄은 전혀 몰랐다고 했다.

"포스트잇" 메모지는 원래 강력 접착제를 개발하려다 실패한 프로젝트에서 탄생했지만, 이를 기회로 활용해 세계적인 히트 상품이 되었다.

예상치 못한 상황에서 성공으로 가는 핵심은 유연성으로 표현할 수 있는데. 즉 실패나 실수를 새로운 방향으로 나아갈 계기로 삼는 자신의 능력이 중요하다.

예상 밖의 일들은 처음에는 부정적인 문제처럼 보일 수 있지만, 이를 극복하면 엄청난 '기회'가 된다.

"성공으로 가는 길은 대부분 예상 밖의 일이다."라는 말은 우리가 완벽한 계획만으로는 성공할 수 없음을 알려 준다. 대신, 예상치 못한 변화와 도전을 받아들이고, 그것을 성장과 성공의 계기로 삼는 태도가 필요하다. 준비된 마음과 행동, 적응력, 그리고 예측 불가능한 상황을 기회로 활용하는 능력이야말로 성공의 중요한 열쇠다.

자신이 진실로 원하는 바를 목표로 삼아야 한다. 원하는 목표를 정하고 생각하게 되면 즐거움과 행복감이 저절로 올 것이다. 자신의 목표가 진정 원하는 것이라면 꾸준하게 생각을 해야 한다. 시시때때로 생각하고, 의도를 자신의 마음에 각인시켜야 한다. 꾸준히 생각하지 않으면 희미해지기 마련이다. 희미해지지 않기 위해서 자신만의 방법을 찾아라.

예를 들어, 차 경적소리가 들리는 신호가 오면 '지금 내가 원하는 것을 생각하는 소리', 또 어떤 색을 지정해서 그 색이 보이면 '지금 내가 원하는 것을 생각하는 표시' 등 자신만의 방법을 모색해라.

나는 휴대폰에 알람을 설정해 놓고 있다. 아침부터 매시간마다 내가 원하는 것을 설정해 놓았다. 울릴 때마다 볼 수 있게, 가끔은 그냥 꺼버리기도 하지만 의도를 계속 생각할 수 있는 좋은 방법이다. 그리고 적어라! 적는다면 자신의 소망이 하나하나 이루어질 때마다 정말 이루어진다는 느낌을 받을 수 있는 가장 좋은 방법 중 하나이다. 적지 않는다면 자신이 원했던 것이 여러 가지일 경우, 이루어졌더라도 모르고 지나쳐버려 경험을 못 하게 되는 수도 생긴다는 말이다.

그리고 붙여라! 원하는 것을 붙여 놓는다면, 내가 무엇을 원하는지 아주 세밀하게 알게 해주는 아주 좋은 방법이다. 붙여 놓는다면, 볼 때마다 '명확한 시각화'에 엄청난 도움을 주며, 의도를 한 번 더 확인하게 되고, 더 생생하게 마음속에 그릴 수 있다는 점이다.

생각하는 것에 대해서 또 하나 아주 중요한 부분은 바로 "끈기"이다. 원하는 목표를 가지면 끊임없이 생각해서 나의 뇌에 각인시켜야 한다. 나도 처음에는 이 부분이 불편했다. 2달 정도는 매일매일 생각하는 것이 즐거웠다. 하지만 시간이 흐르고 흐를수록 열정이 식으면서 구체적으로 생각했던 목표들이 흐릿해졌다. 하지만 꾸준하게 포기하지 않고 생각해 보았다. 정말 놀라운 일이 생겼다. 이제는 굳이 내 의지대로 생각하려고 노력하지 않아도 생각이 자연스레 마음속에 습관처럼 저장되었다.

예전에는 잠들기 전에 별별 생각이 다 들었었다. 매일매일 잠들기 전에 내가 생각하는 것은 전부 달랐었다. 의미 없는 것들이 많았지만, 지금은 눈만 감으면 원하는 목표를 생각한다. 하기 싫어도 하게 된다. 그렇게 되다 보니 이제는 귀찮은 부분도 없어졌다. 당연하다고 생각하게 된 것이다. 평생 하루하루 원하는 것을 생각하는 것도 매우 훌륭하고 빨리 성공할 것이다. 하지만 확실하게 잠재의식에 각인을 시키면 굳이 노력하지 않아도 저절로 내 몸의 일부가 될 수 있다.

마지막으로 '원하는 것'에 최종결과에만 집중하라! 분명히 나의 경험으로 보았듯이, 과정은 정말 내가 생각지도 못한 부분에서 다가온다. 과정은 모든 성공자들도 모른다고 한다. 단지 될 것에 대한 믿음만 있었다고 한다. 이렇듯이 최종결과에만 집중하라. 그리고 적고, 붙이고, 말하라. 그러면 우주가 알아서 지름길로 당신을 인도

해서 원하는 것을 줄 것이다.

장대비가 퍼붓는 어느 날, 미국 필라델피아의 한 가구점 앞에서 할머니 한 분이 왔다갔다하고 있었다.
가구점 주인이 할머니에게 물었다.

"할머니, 가구를 사러 오셨습니까?"
그러자 할머니는 이렇게 대답했다.

"아닙니다. 비가 와서 밖으로 나갈 수도 없고, 내 운전기사가 차를 가지고 올 때까지 시간을 보내기 위해서 이리저리 둘러보고 있는 중입니다."

주인은 부드럽게 웃으며 말했다.
"그러시군요. 그럼 운전기사가 올 때까지 안으로 들어와 계십시오. 편안한 안락의자도 있습니다."

가구점 주인은 매상과 아무 관계도 없는 노인에게 따뜻한 대접을 해주었다.

그러고 나서 얼마 후에 가구점 주인에게 한 통의 편지가 배달되었다. 그 편지는 강철왕 카네기의 편지로, 카네기의 회사에서 수만 달러 상당의 가구를 구입하려고 하는데, 카네기의 어머니가 그 가구점을 추천했다는 내용이었다.

비 내리는 날, 가구점 주인이 환대해 준 그 할머니가 바로 카네기의 어머니였던 것이다.

내가 남에게 주어야, 남이 나에게 무엇을 준다.
내가 남에게 아무것도 베풀지 않으면,
남도 나에게 아무것도 베풀지 않는다.
평범하지만 진리다.

위 가구점 사장님처럼 단지 노인을 따뜻하게 대접해 준 일밖에 없지만, 알고 보니 미국의 대부호 강철왕 카네기의 어머니였다. 가구점 사장이 "이 사람은 부자 할머니 같으니 친절하게 대하면 많은 돈을 벌 수 있어!"라고 생각해서 행동했을까? 아니다. 생각지도 못한 상황에서 가구점 사장은 이득을 취했다. 이처럼 말로는 설명할 수 없는 과정들이 존재한다.

*뉴턴의 만유인력 법칙

이것은 발명품은 아니지만 엄청난 우연에 의해서 발견된 법칙이다. 뉴턴은 그날이 매우 바쁜 날 이었다고 하는데, 약속이 5개 중 3개나 취소되는 바람에 집에서 쉴 수 있었던 것이다. 그날 마침 정원에 찾을 것이 있어서 갔다가 사과나무 밑에서 쉬게 되었고, 뉴턴의 어머니가 밥을 먹으라고 소리를 쳤는데, 뉴턴은 원래 건망증이 심해서 대답을 했다가 까먹었다고 한다. 그리고 마침 그때 사과가 매달려 있었고, 또 사과가 떨어진 거였다. 뉴턴에게 약속이 취소되지 않았고, 건망증이 없었고, 정원에 볼일이 없었고, 그때가 겨울이라 사과가 매달려 있지 않았더라면 뉴턴은 만유인력의 법칙을 발견할 수 없었을 것이다.

이런 확률을 계산하면 무려 854만 2810분의 1의 확률이라고 한다. 거기다가 뉴턴이 꼼꼼했고, 과학자였다는(그것도 물리학자) 사실까지 더하면 엄청난 확률이다.

이처럼 우리가 과정을 예측할 수 없다는 것을 알아야 한다.

성공으로 가는 길에는 대부분 예상 밖의 일들이 생긴다.
그러므로 우리는 예상 밖의 기회를 잡기 위해서 항상 스스로를 성장시켜야 한다.

제7장

감사의 힘

세상에는 무수히 많은 성공 방법이 존재한다

"감사하며 받는 자에게 많은 수확이 있다."

- 블레이크

감사하는 마음이 없이는 행복, 건강, 부를 느낄 수 없고, 가질 수도 없다. 자신이 현재 가지고 있는 것에 감사하는 마음을 가지지 못한 사람은 더 이상의 것을 가질 수가 없다.

자신이 원하는 것을 생각할 때, 그 생각이 실현되었다는 느낌이 들 정도로 생생하게 느껴진다면, 그 생각이 늦든지 빠르든지 현실이 된다는 것이 바로 끌어당김의 법칙이다. 그런데 정말로 자신이 원하는 것이 이루어지면 감사하다고 느껴야 한다.

사람의 뇌는 특이한 부분을 가지고 있다. 지금 한번 말로써 "감사하다"를 계속 외치면서 동시에 나쁜(부정적) 생각을 해보려고 노력해 보아라. 해보면 잘 안된다는 걸 알 수 있을 것이다.

단순히 말을 하는 것임에도 불구하고 나쁜 생각이 그려지지 않는다. 즉, 부정적인 생각보다 감사의 힘이 더 강하다고 자신 스스로 느낄 수 있는 좋은 예이다.

당신들은 지금 누구에게, 또 어떤 것에 감사함을 느끼고 살아가고 있는가? 감사할 사람이나 감사할 어떤 것이 없다면, 바람직한 삶을 살아가고 있는 게 아닐 것이다.

성공하고 부유해지기 위해서 하루에 몇 번 감사함을 느끼고 있는가? 대부분의 사람들은 한 달에 평균 3번에서 5번 감사함을 느끼고 살아간다고 한다.

나는 개인적으로 하루에 최소한 30번은 감사할 수 있다고 생각한다. 지금 내가 가진 건강한 몸, 생각할 수 있는 두뇌, 따뜻한 안식처, 사람들과 소통할 수 있는 휴대폰, 글을 적을 수 있게 하는 펜, 마실 수 있는 물, 배고픔을 채워주는 음식 등 너무나 많은 것들에게 감사하며 살아갈 수 있는 것이다.

이런 것들이 당연하기 때문에 감사할 필요가 없다고 생각하는가? 절대 그럴 수 없다. 몸이 불편해져야만 그때 건강한 몸에 대해서 감사하겠는가? 있을 때 감사해야 진정한 감사의 마음이 생기는 것이다. 현재 가지고 있는 것들에 대한 감사의 마음이 없어서는 앞으로 가질 것에 대한, 원하는 것에 대한 감사의 마음을 줄 수 없다.

또한 믿음은 감사하는 마음에서 생기는 것이다. 감사하는 마음은 끊임없이 긍정적인 것을 생각하게 만들고, 감사하는 마음이 믿음을 가져다주는 것이다. 감사하는 마음이 없는 사람에게는 믿음이 모래성처럼 금방 허물어져 버릴 것이고, 자신의 확고한 믿음 없이는 부유해질 수 없는 것처럼, 감사하는 마음이 없다면 믿음도 없는 것이다. 그래서 자기에게 오는 모든 것들에게 항상 감사하는 마음을 가지고 의도적으로 노력해야 원하는 것을 더욱더 빠르게 성취할 수 있다.

이토록 아름다운 세상에

나에게 주어진 하루가 있음을 감사하렵니다
밥과 몇 가지 반찬 풍성한 식탁은 아니어도,
오늘 내가 허기를 달랠 수 있는
한 끼 식사를 할 수 있음을 감사하렵니다

누군가 나에게 경우에 맞지 않게
행동할지라도
그 사람으로 인하여 나 자신을
되돌아볼 수 있음을 감사하렵니다

태양의 따스한 손길을 감사하고,

바람의 싱그러운 속삭임을 감사하고,

나의 마음을 풀어

한 편의 詩를 쓸 수 있음을

또한 감사하렵니다

오늘 하루도

감사하는 마음으로 살아가야겠습니다

이토록 아름다운 세상에 태어났음을

커다란 축복으로 여기고,

가느다란 별빛 하나

소소한 빗방울 하나에서도

눈물겨운 감동과 환희를 느낄 수 있는

맑은 영혼의 내가 되어야겠습니다.

(장세희·시인)

"감사가 없는 성공은 세상에 존재하지 않는다."

성공자와 부자를 비난하는 대신, 자기개발에 집중하라

"성공자나 부유한 사람을 비난할 시간에 자기개발이나 해라."라는 말은 타인의 성공에 대한 질투나 비난에 에너지를 낭비하기보다는 자신의 성장에 집중하라는 의미를 가지고 있다.

쓸모없는 비난은 자신의 발전을 막고 있다.

타인의 성공에 대해 부정적으로 생각하거나 비난하는 것은 자신의 에너지를 소모하고 생산성을 버리는 행위이다. 비난은 아무런 결과를 가져오지 않으며, 오히려 자신을 더 불만족스럽게 만들 수 있고, "열등감"이라는 부정적인 감정이 생기기 쉽다.

성공자들은 시간을 소중히 여기고, 목표를 향해 꾸준히 노력한 결과를 얻고 있다.

그들을 비난하는 대신, 당신도 그 시간과 에너지를 자기개발에 투자하면 더 나은 결과를 얻을 수 있고, 성공하는 데 훨씬 더 빠른 결과를 얻을 수 있다. 타인을 비난할 시간은 곧 자기개발을 위한 기회이다. 더 나은 자신이 되기 위해 그 시간을 활용하는 것이 성공으로 가는 가장 빠르고 올바른 길이 된다.

그리고 많은 사람들이 성공자들이나 권력이 있는 사람들의 나쁜 점이나 잘못된 부분을 지적하는데, 시간을 허비하면 안 된다. 쉽지 않더라도 부자들이나 권력자들이 있었기 때문에 당신에게 지금 기회가 주어지고 있는 것이고, 따라서 우리가 얻는 것들은 그들에게서 오는 것이라고 간단히 생각하고, 비난 할 시간에 당신을 개발해야 한다. 비난하는 시간은 정말 아무짝에 쓸모없다.

그렇다면 부정적인 생각에서 긍정적인 생각으로 변환시킬 가장 좋은 방법은 감사거리를 찾는 것이다. 각 회사의 사장들이 없다면 당신에게 일자리와 취업할 기회조차 없고, 부패한 정치인(없는 것이 제일 좋다.)이나, 올바른 정치인이나 양쪽 모두 존재하고 있기 때문에 지금의 나라가 유지되어 가고 있는 것이다. 감사하지 못할 부분은 어디에도 없다.

자신 스스로가 만들어낸 것이 이 세상에 무엇이 있을까? 자연의 원소가 있기에 인간에게 필요한 것들을 만들어낼 수 있는 것이고, 자연이 있기에 하나님이 만들어 주신 그 재료들을 인간들이 무료로 사용할 수 있는 것이다.

나의 아버지와 한 대화 중 오랜 시간 생각하게 만든 부분이 있다. 우리가 포도를 구입해서 먹을 때, 포도 자체의 값을 지불하는 걸까? 아니면 포도를 재배하고 유통하는 과정의 돈을 지불하는 걸까? 모든 동물, 식물들은 원래 있던 것이다. "무료"라는 말이다. 인간들은 그 무료인 동물과 식물을 좀 더 많이, 그리고 많은 열매를 맺게 하여 공급하고 있는 것이다. 원래 있던 것을 인간이 그냥 관리하는 것뿐이다. 그러므로 이것 또한 자연에게 무료로 주어서 창조주께 감사해야 할 부분인 것이다.

인간 스스로가 만들어낸 것이 무엇이 있을까? 지금 입고 있는 옷 또한 자연에서 재료가 생성된 것이며 금, 철광석, 다이아몬드, 음식, 물 등 모든 것은 자연에서 온 것이다. 손에 쥐어지고 눈으로 보는 모든 것의 근본적인 재료는 자연에서 온 것이다. 이 부분에만 감사함을 느낀다면, 감사하지 못할 부분이 없는 것이다.

매번 감사해 봐라. 인생이 달라질 것이다.

매번 감사해 봐라. 자신이 현재 하는 일들도 다르게 보일 것이다.

매번 감사해 봐라. 앞날이 부유해지실 것이다.

감사의 힘은 실로 대단한 것이다.

성공자나 부유한 사람을 비난하는 데 쏟는 시간은 게임 하는 시간보다 더욱더 쓸모없다. 그러니 성공을 원한다면, 긍정적인 부분에 시간을 쏟으며 자신을 발전시키고 감사거리를 찾아서 행동해야 한다.

부모에게 감사하는 마음을 가져라: 부모는 인생의 후원자다

"부모님의 은혜를 모른다면 너의 친구가 되어줄 사람은 아무도 없다."

- 소크라테스

지금 현재 당신은 스스로의 노력으로 지금의 모습으로 살아간다고 생각할 수 있다. 그런 생각을 하고 있다면, 당신의 마인드는 올바른 방향으로 가는 것이 아니다. 첫 번째 감사의 근본은 부모님께서 낳아주시고 길러주셔서 지금의 인생을 살아갈 수 있는 것이다.

가끔 이런 사람들이 있다. 어느 정도 나이를 먹고 자신만의 인생을 설계할 수 있을 때, "나는 나고 부모는 부모야."라고 생각할 수 있다. 말은 맞다. 자신의 인생을 부모님이 대신 살아줄 수는 없다. 하지만 이런 생각을 하는 대부분의 사람들은 어느 정도 성숙하게 되면 부모님께 감사함을 느끼지 못하고 살아간다. 가끔 TV에서 부모님에 대한 프로그램이 방영되는 그때 잠시 생각하는 경향이 있다. 나도 시시때때로 부모님께 대한 감사함을 느끼지 못하고 살아왔다. 하지만 감사하는 마음을 가지려고 노력한다면 근본을 찾아서 가야 한다. 지금 감사함을 느끼는 근본은 무엇인지, 내가 지금 이 자리에 있을 수 있었던 근본은 무엇인지, 자신이 스스로 행동하고 생각할 수 없을 때 옆에서 지켜준 사람은 누구인지, 꼭 감사하는 마음을 가져야 한다.

지금의 자녀를 위해 부모님들은 무수히 많은 걸 포기하면서 살아왔다. 그렇다면 당신은 지금 부모님을 위해 무엇을 포기할 수 있는가? 생각해 보고 감사해야 할 첫 번째는 나를 위해 희생하신 부모님에게 감사하는 마음이다.

세상의 위대한 성공자들의 자서전에서 알 수 있듯이, 감사함에 대한 부분이 가장 많은 내용을 차지하고 있다. 그만큼이나 감사하는 마음이 중요하다는 것을 지적하고 있다.

부모의 역할은 성적 향상이 아닌, 행복한 삶을 가르치는 것

지금 세상에서는 감사함보다 지식, 교육, 스펙 등을 더 중요시한다. 이것들이 중요하지 않다는 건 아니다. 하지만 지식, 교육, 스펙보다 중요한 건 사람의 인격이다.

"지식이 높은 사람은 인격도 높아요."
"교육을 많이 받은 사람은 인격도 높을 거예요."
이 말에 동의할 수 있을까? 난 절대 동의하지 않는다.
사람은 전부 동등하다는 말이다. 자신 스스로 그리고 개인적으로 전부 잘할 수 있는 것이 다를 뿐이다. 어떤 사람이 공부를 잘하면 당신은 운동을 잘할 수도 있고, 인간관계가 좋을 수도 있고, 말을 잘할 수도 있고, 글을 잘 쓸 수도 있고, 기계조작을 잘할 수도 있다는 말이다.
대부분의 부모님들이 바라는 자식의 직업이 변호사, 검사, 판사, 교사, 의사 등이다. 이런 직업을 가져야만 성공했다고 말하는 경우가 많다. 왜 부모들은 자녀들의 꿈과 목표를 본인들의 기준에서 정해

줄까? 왜 창의력 없이 부모들이 꿈을 정할까?

"자식이 잘되길 바라서지."라고 대부분이 말하고 있다.

그런데 자식을 위해서 하는 위의 말들을 이해하고 넘어가야 할 필요는 있다. 이것은 웃어른들부터 내려오는 말들을 듣고 잠재의식에 각인된 인생을 살아가서 그렇다.

보릿고개를 겪어 오면서 "밥 벌어 먹고 살면 된다.", "좋은 직장에 들어가야 해!", "좋은 대학교 가야 해!"라는 생각을 많이 가지셨던 할아버지, 할머니들이 말씀하신 내용이 우리의 부모님들에게 전달되면서 우리의 잠재의식에 탑재되었을 뿐이다.

여기서 질문 하나 하겠다. 부모님의 기준대로 행하면 정말 잘되고 행복할 거라 생각하느냐고 말이다. 어떤 직업으로도 사람은 행복감을 느낄 수 없다. 행복감을 느낄 수 있는 단 하나의 직업은 자신이 진정으로 원하는 일을 택했을 때이다. 부모들이 정한 직업이 진실로 자녀가 행복하기 위해서 정해주는 것일까? 행복보다는 돈을 버는 직업을 정해주는 것이 아닌가? 돈보다 자녀의 행복이 중요하다면, 자녀가 원하는 것으로 행복하게 인생을 살아갈 수 있게 후견인 노릇을 해야 한다.

이 부분에서 나는 참 복 받은 가정에서 태어났다고 생각한다. 내가 기억하는 우리 부모님은 나에게 "공부해라.", "공부해야 성공한다.", "공부 잘해서 좋은 대학에 가야 취업한다." 등의 흔한 말을 하지 않으셨다. 항상 부모님은 "아들, 원하는 걸 해.", "이것저것 해봐. 좋은 직업이라고 해서 행복한 건 아닐 수 있다.", "일단 마인드부터 성공해야 한다.", "목표와 꿈을 가져야 한다." 등의 대화만 있었다.

공부에 흥미가 없었던 것이 나의 근본이다. 하지만 학창시절 정말 감사하게도 성적으로 인해 다른 학생들보다 스트레스와 열등감, 사춘기가 특별히 없었다는 것이다.

나의 부모님들은 공부에 대한 스트레스는 물론, 어떤 부분에서도 스트레스를 주지 않으셨다. 하지만 확실한 건 그냥 별다른 사고 없이 건강하게 학교를 갔다 온 것만으로도 감사해하시는 느낌을 항상 받고 자랐다. 지금도 부모님은 나에게 이 땅에서 신적인 존재이시다. 언제나 고마움을 느껴야 하고, 내가 봤을 때 비록 틀린 선택을 하실지라도 일단은 믿고 따라갈 정도의 믿음을 가지고 있으며, 항상 떠받들어 모셔야 한다고 생각한다.

근본은 부모님이 있어서 내가 존재하는 것이다. 명심하자. 그러므로 항상 감사함을 느끼자. 내가 어려서 아무런 판단을 하지 못했을 때 지켜주셨던 부모님들처럼, 당신의 부모님들이 기력이 있으시든지 없으시든지 간에 지금부터라도 감사함을 느끼며 효도해야 한다. 효도는 "부모님이 건강하실 때부터 해야 진짜 효도인 것이다." 자녀가 결혼하여 또 부모님이 되면, 자신은 효도를 하지 않았으면서 자녀에게 효도 받기를 원하는 것은 너무 이기적인 생각이다. 부모님에게 효도를 하지 않고 살았다면, 자녀들은 반드시 그러한 모습을 보면서 성장한다. 부모는 자녀의 거울이다.

효도도 뿌린 대로 거둔다. 최소한 하루에 한 번은 부모님에게 감사함을 전하자. 감사함의 첫 번째 시작은 나를 낳아주신 부모님께 감사하는 마음을 가지는 것이다.

부모의 역할은 성적 향상이 아닌, 행복한 삶을 가르치는 것

"만일 세상에 부정이 없었다면 사람들은 정의를 몰랐을 것이다."

- 헤라클리우스

부정적인 사람에게도 감사할 부분이 충분히 있다. 부정적인 사람을 통해 당신이 더 좋은 사람, 또는 나의 문제에 대해서 인식할 수도 있기 때문이다. 나쁜 사람이 존재하기에 착한 사람이라는 기준이 존재하는 것이다.

세상 모든 사람들이 착하다면 '착한 사람'이라는 단어는 존재하지 않았다는 말이다. 실패한 사람이 있기에 성공한 사람이라는 말이 존재하고, 포기하는 사람들이 있기 때문에 끈기 있는 사람이 존재한다. 부정적인 사람과 긍정적인 사람이 있기 때문에 사람을 판단할 수 있는 것이고, 부정적인 상황이 있기에 긍정적인 상황들을 판단할 수 있는 것이다.

이처럼 세상에 존재하는 모든 것은 다 필요하다는 것이다. 맛없는 음식이 있기에 맛있는 음식을 먹으며 행복해할 수 있다. 주변의 부정적인 사람이 보인다면, 바라보며 마음으로 감사해라.

"고마워. 당신 덕분에 긍정적인 사람이 되는 법을 또 하나 알게 됐으니."

그리고 세상에는 찬성하는 그룹과 반대하는 그룹이 있다.
어떤 부분을 찬성하는 사람들은 반대하는 사람들과 대립하게 된다. 자신들과는 반대이기 때문이다.
하지만 이것 또한 인생에서 가장 재미있는 부분이다. 모든 사람들이 찬성을 한다면? 모든 사람들이 반대를 한다면? 인간은 불만족이 있기 때문에 더욱더 만족스럽게 인생을 살 수가 있는 것이다.
만족스러운 인생을 살기 위해서 꼭 필요한 부분은 불만족이라는 것이다. 발명품은 인간이 필요로 하기에 생겨난다. 필요로 하지 않았다면 발명품은 생겨나지 않는다. 더 좋은 세상을 꿈꾸는 것도 지금 세상이 만족스러운 세상이 아니기 때문에 꿈꾸는 것이다. 찬성과 반대는 사람이 살아가는 데 반드시 필요한 부분이다. 하지만 여기서 주의할 점은, 찬성하는 사람은 반대하는 사람을 미워해서는 안 되고, 반대하는 사람은 찬성하는 사람을 미워해서는 안 된다.
좀 어려운 내용일지 모른다. 하지만 사람은 개개인이 전부 다르다. 생각도 다르고 인생관도 다르다. 서로 다른 것을 그대로 인정해야 한다는 뜻이다. 반대하는 사람을 이해시키려고 하면 안 된다. 그 뜻을 존중해야 한다. 이해시키려고 하는 순간, 언쟁이 시작될 수밖에 없다. 서로가 자신의 뜻을 관철시키려 하면 분명히 싸우게 된다. 서로가 그 반대의 상황들을 이해하려고 노력해야 한다.

자신의 뜻을 굽히라는 소리가 아니다. 자신의 신념은 확고하게 가지고 있되 다른 사람의 다른 점을 인정해야 한다. 찬성한다면? 반대한다면? "저렇게 생각할 수도 있겠다!"라고 해야 한다.

나 자신이 "이 상황은 당연히 찬성이지."라고 생각한다고 해서 모든 사람이 찬성해 주진 않는다.

상황을 예로 들면, 70대 노인과 유치원생이 같은 자리에서 인생관을 이야기한다고 가정해 보자. 이야기가 될 거라고 생각하는가? 서로 아는 것이 완전히 다르다. 모든 사람이 기본적으로 알고 있는 상식도 유치원생에게는 들어보지도 못한 상식이 되어버린다. 즉, 모든 사람 개개인은 알고 있는 것도, 다르다고 생각하는 것도 전부 다르다. 그렇다면 내가 이해하지 않으면 절대로 그 문제를 해결하지 못한다. 내 뜻을 상대방에게 관철시키기 전에 먼저 상대방의 생각을 이해한다면 좀 더 쉽게 문제를 해결할 수 있다.

부정적인 상황은 좋은 부분이 없다고 생각할 수도 있다. 하지만 아니다.

부정적인 상황이 있으므로 인해서 당신은 좀 더 성숙하는 기회가 될 것이고, 자신 스스로 마음가짐과 계획을 피드백시켜 주는 가장 좋은 스승이 되는 것이다.

"부정적인 주변 사람, 상황은 당신이 틀린 길로 가지 않고 올바르게 가기 위한 확실하고 정확한 이정표이다."

익숙함에 속아 소중함을 잃지 말자

"익숙함에 속아 소중함을 잃지 말자."라는 말은 우리가 일상적으로 접하는 익숙한 것들이나 관계, 환경의 가치를 무심코 간과하지 말라는 것이다. 익숙함 때문에 당연하게 여겨지는 것들이 사실은 매우 소중할 수 있으며, 이를 잃고 나서야 비로소 그 중요성을 깨닫는 경우가 많다는 점을 알아야 한다.

인간은 반복적으로 접하는 것에 익숙해지면서 처음 느꼈던 감정이나 가치를 점차 잊어버리곤 한다. 예를 들어 가족, 친구, 건강, 자연처럼 늘 가까이에 있는 것들은 그 중요성을 까먹기 쉽다. 하지만 생각해 보면 이들은 삶에 없어서는 안 될 중요한 존재들이다. 매일 함께하는 가족의 존재가 익숙해져서 감사함을 잊고 있다가, 멀리 떠나거나 잃고 나서야 그 소중함을 깨닫는 경우가 대부분이다.

"소 잃고 외양간 고친다."라는 속담이 가장 적절하다. 잃고 나서야 비로소 깨닫는 후회를 방지해야 한다. 익숙한 것들은 마치 항상 우리 곁에 있을 것처럼 느껴지지만, 그렇지 않을 때가 많다.

잃은 뒤에야 그 가치를 깨닫는 후회를 줄이려면, 현재의 순간과 관계를 소중히 여기는 마음가짐과 감사하는 마음이 필요하다.

익숙한 것에 속지 않으려면 감사하는 태도를 가지는 것이 중요하다. 하루를 마무리하며 자신이 가진 것들에 감사하는 습관을 들이면, 익숙함에 대한 무감각을 극복하고 소중함을 더 자주 느끼게 된다. 매일의 순간과 관계를 당연하다 여기지 말고, 지금의 가치를 알아차리려 노력해야 한다. 특히 가까운 사람들과 자주 대화하며 감정을 표현하고, 관계를 더 깊게 유지하려는 노력이 중요하다. 더불어 익숙함에 무감각해졌는지, 중요한 것을 소홀히 대하지 않았는지 자신을 돌아봐야 한다.

"익숙함에 속아 소중함을 잃지 말자."라는 말은 우리 삶에서 가장 가까운 것들이 때로는 가장 소중한 것임을 이야기하고 있다. 현재에 감사하고, 익숙한 것을 당연하게 여기지 않는 태도가 삶의 질을 높이고 후회를 줄이는 방법이다. 익숙함을 넘어 소중함을 발견하는 것은 지속적인 자신의 노력과 마음가짐에 달려 있다.

부부관계에서 오는 권태기를 예로 들 수가 있다.
결혼한 사람들은 권태기라는 것을 어떻게 생각하고 있을까. 대부분이 권태기가 오면 상대방이 하는 행동 하나하나가 싫어진다고 이야기한다. 여기서 우리는 사람이라는 존재가 가장 모순적인 모습을 보이고 있다는 것을 알 수 있다. 서로 사랑할 때는 정말 모든 것을 줄 것처럼 행동하고, 사랑을 하다가 싫다는 감정이 생기면 바로 돌아설 가능성이 커진다. 부부 중 남편 아니면 아내가 잘못된 행동을 할 수 있다. 그렇게 되면 서로 바라보는 것 자체만으로도 부정적이라 생각한다. 그 대상에 대한 머릿속의 생각이 전부 부정적이기 때문이다. 나는 부정적이게 되는 현상을 보면서 이러한 정의를 내릴 수 있게 되었다. 익숙함이 바로 권태기를 오게 만든다는 사실을.

익숙함에 대한 경험은 아주 많다. 특히 자동차에 대한 익숙함이다. 지금 내가 타고 다니는 차를 처음 구입했을 당시를 떠올려보면 행복과 설렘이라는 마음으로 가득 찼었다. 하지만 시간이 흘러 익숙해지면서 곧장 나의 시선은 다른 차로 쏠렸다.

대부분 익숙함에서 실수를 하는 가장 큰 부분이 존재하는데, 그것은 바로 나의 마음속에 "감사"가 빠져있기 때문이다. 익숙함은 당연함을 만들어내고, 당연함은 소중함을 잃어버리게 된다. 익숙한 것이 내 옆에서 사라질 때, 소중함을 느끼게 된다. 긍정적인 생각을 할 때, 그리고 감사를 할 때 소중함을 자신의 마음에 꾸준히 각인시킬 수 있고, 부정적인 생각을 할 때 당연함이 각인된다. 세상에 당연한 것은 절대 없다.

소 잃고 외양간을 고치는 행위는 바보들이나 하는 짓이다.

감사하는 사람은 더 건강하고 오래 산다
(면역력이 100배 증가)

"건강한 자는 모든 희망을 안고, 희망을 가진 자는 모든 꿈을 이룬다."

— 아라비아 격언

"매사에 감사하라!"는 말의 유래를 생각하다 보면 성경의 "범사에 감사하라!"는 말씀이 떠오르기 쉬운데, 사실은 거의 모든 종교에서 이와 유사한 뜻을 경전에 담고 있다. 이것은 역으로 보면 그만큼 그 뜻이 모든 사람들에게 의미하는 바가 크고 깊기 때문이다. 실제로 감사하는 마음을 갖고 사는 사람과 불평불만을 갖고 사는 사람의 평균수명을 비교한 연구가 있는데, 예상대로 감사하는 마음의 소유자가 질병에 대한 면역력과 수명에서 있어서 유의적인 차이를 보인다고 밝혀졌다.

성공의 요소에서 '건강'은 아주 중요하다. 자신 스스로가 몸에 불편함을 느끼고 아픈 상황이라면, 긍정적인 생각은 거의 불가능하다. 생산적인 행동도 불가능할 것이고, 성공적인 지식을 습득하는 것도 힘들어진다. 그러므로 우리는 반드시 '건강'을 신경 써야 한다.

마이애미 대학의 심리학 교수인 '마이클 맥컬러프' 교수는 사람들에게 정기적으로 감사하라고 시킨 뒤 그들을 연구했다.
연구 결과, 누군가에게 감사하는 마음을 전하게 되면 우울함이나 의기소침에서 벗어나 행복한 장소로 무임 승차하는 것과 같은 것은 현상이 나타나고, 또 감사함은 승리감과 동급이라고 할 만큼 무척 강력한 감정이며, 선순환이라는 것을 알 수 있었다.
감사함은 또한 스트레스 해소 효과도 있다고 캘리포니아 대학의 로버트 에몬스 교수는 말한다. "감사하는 사람들은 스트레스를 만들어내는 것들과 그 밖의 다른 부정적인 감정을 경험할 확률이 낮다."
모든 의학자들도 이야기하고 있다. "모든 병의 근원은 스트레스"라고 말이다. 감사하는 마음가짐만 있더라도 스트레스를 받는 정도가 아주 약해진다고 한다. 스트레스가 없으면 당연히 장수하고 건강해진다는 말이다. 건강하지 못한 사람은 긍정적으로 생각하기 힘들다. 건강하지 않은 것만큼 사람을 부정적으로 만드는 일은 없기 때문이다.
매일매일 운동하라고 권하고 싶다. 운동을 하게 되면 건강은 자연스레 따라오는 것이고, 땀 흘려 규칙적으로 운동을 하면 정신이 맑아진다. 자신의 몸이 건강할 때만이 건전한 생각과 맑은 정신, 그리고 진취적인 열정이 생길 수 있다.

그리고 운동은 우리가 작은 성공을 이룰 수 있는 것들 중에 가장 쉬운 일이다. 운동은 뇌의 발달에 영향을 미치는데, 뇌세포 생성에 도움을 주고 뉴런 간의 연결도 강화시켜서 더욱더 견고한 상태로 만들어 준다. 모든 능력과 재능은 후천적으로 만들어지는 것이다. 당장 운동화를 신고 운동하러 가면 된다.

운동하러 가는 것은 쉽지만, 하지 않는 것이 더 쉽다. 그러나 확실한 것은 하지 않으면 나에 대한 모든 발전은 제로, 한다면 플러스에 플러스를 더하게 될 것이다.

그렇다면 "감사"는 어디에서 오는 것일까?

무작정 감사하라고 하면 참으로 어렵다. 그렇다면 어떻게 감사하는 마음을 가질 수 있을까? 개인적으로 생각해 보면 "감사"는 내가 원하는 것을 받았을 때 감사하는 마음이 든다. 그리고 무엇을 알게 되었을 때 감사하는 마음이 들고, 기분이 좋을 때 감사함이 생긴다. 즉, 감사하는 마음을 가지고 싶으면 최소한 자신이 원하는 것과 자신이 행복한 것이 무엇인지 알아야 한다. 내가 좋아하는 것과 싫어하는 것에 대한 분명한 판단이 필요하다.

싫어하는 것이 나에게 생기면, 좋아하는 것에 더욱더 좋아하는 마음이 생겨 감사할 것이고, 좋아하는 것이 생기고 나에게 온다면 그 자체로 감사함을 느낄 수 있는 것이다.

감사하는 자체가 병을 치유한다는 말이 있다. 이 말의 뜻은 바로 자신이 행복하거나 즐겁다는 이야기이다.

가진 것에 대해 감사하는 방법은 간단하지만, 강력한 마음가짐과 반복이 필요하다.

적어도 하루에 5분만 투자해 당신이 감사한 것을 적어봐야 한다. 가장 쉬운 방법은 나의 목표를 글로 옮기기로 마음먹었다면 목표를 적고 나서 최소한 오늘 감사한 것들에 대해서 2~5가지 정도 항상 적는 것이다. 작은 것이라도 괜찮다. 예를 들면, "오늘 맛있는 커피를 마실 수 있어서 감사하다.", "목표를 적을 수 있어서 감사하다.", "적을 수 있는 건강을 가지고 있어서 감사하다." 등이다.

그리고 이 책을 읽고 있는 지금 이 순간 눈에 보이는 것, 느껴지는 것을 생각해 보면 아주 많은 것이 보일 것이다. 예를 들면 "따뜻한 햇살", "안락한 의자", "좋아하는 음악", "적을 수 있는 책과 필기도구" 등 지금 누리고 있는 작은 것들을 떠올려보면 무수히 많다.

개인적으로 생각한 감사의 부분 중 나와 상대방이 느낄 수 있는 최고의 감사는 직접 나의 입으로 전하는 것이다. 처음 하는 사람은 부끄러워 보일 수 있지만, 눈 딱 감고 한번 해보길 추천한다.

직접 감사를 표현하는 것은 나의 감정과 타인의 감정을 가장 행복하게 해주는 행위라고 생각한다. 부모님이나 아내 또는 자녀들에게 "키워주셔서 감사합니다.", "고마워요", "덕분에 힘이 났어!", "항상 있어서 줘 고마워!" 같은 간단한 말이 서로에게 큰 행복의 감정을 준다.

진정으로 멋있는 감사는 힘든 상황에서도 감사할 줄 아는 마인드에 있다. 예를 들면, "비가 와서 우울했지만, 덕분에 집에서 여유롭게 쉴 수 있었다."처럼 부정적이거나 힘든 상황 속에서도 감사할 거리는 반드시 있다. 찾으면 된다.

감사할 이유를 찾아야 한다. 지금 가지고 있는 것에 감사하면 더 많은 것을 반드시 가질 수 있다고 생각한다.

실패해도 감사하라: 이제 성공만 남았다

학생, 직장인, 사업가 혹은 무직자들도 꼭 알아야 할 것이 있는데, 내가 어떠한 상태와는 무관하게 지금 스스로가 평안하다고 여기면 성공하려 하지 않아도 된다는 말이다.

하지만 성공으로 가는 길의 가장 위험한 부분은 바로 현재의 '평온' 상태이다. 그 평온 상태가 내가 원하는 것을 이루었고, 혹은 이루어져 나가는 과정이라면 더할 나위 없이 행복감을 느끼고 잠시 쉬어 갈 수 있는 포인트가 되겠지만, 인생을 살아가면서 내가 감당하기 힘든 결핍이 있거나, 내가 바라는 성공을 이루지 못한 상황이라면, 또는 목표가 없는 평온이라면 의지, 열정, 끈기는 생기기 쉽지 않다.

예를 들면, 목표 없는 평온은 현재 식사를 하고 잠시 배부른 상태라고 생각하면 된다. 시간이 조금만 흐르면 또 배가 고파져서 음식을 찾게 되는 것처럼, 현재의 자신을 점검해야 한다. 현재의 평온이 일회성인지, 아니면 성공을 향해 나아가는 과정 속의 쉼터인지 생각해야 한다.

학생으로서 성적이 좋든지 나쁘든지, 어떤 대학에 들어가도 그만, 안 들어가도 그만이라면 적당히 공부를 하면 된다. 어떤 직장에 취업하는 것이 나의 목표라고 생각하면, 취업할 수 있을 정도만 노력하면 된다. 그뿐이다. 직장인들은 현재 받는 월급으로 가정을 꾸려 나가고 저축하면서 가족과 함께 행복하게 살고 있다고 생각하면 그것 또한 멋진 일이다. 이건 진심이다.

나 또한 직장인으로 살면서 동안 평온했던 적이 있다. 매달 말에 받는 월급만으로는 가정을 꾸려 나가는 데 조금 부족했지만, "어차피 또 다음 달에 월급이 나오니까!"라고 생각하고 편하게 살아갔다. 그런데 문제는 예상치도 못한 지출이 발생하게 될 때였다. 특히 부모님들 기념일이 와서 수중에 가지고 있는 돈으로 해결해야 할 때가 제일 정신적으로 힘들었다. 해드리고 싶은 마음은 100%인데, 30% 정도밖에 해드리지 못했을 때 마음이 아팠다. 하려는 마음이 중요하다는 것은 누구나가 다 알고 있는 사실이지만, 내가 바라보는 30% 정도의 가치는 참 보잘것없었다.

그리고 우리 아이들이 사달라고 하는 것이 있으면 "사주고는 싶은데, 사주게 되면 고정 지출이 발생하고, 하지만 버는 거에 비해서…" 하며 자위했다. 특히 작은 교통사고, 차량 고장, 병원비 등, 이 모든 것들은 보통 매달 빠져나가는 지출과는 무관했던 일이기에, 갑자기 발생하게 되면 몇 달 동안 허리띠를 졸라매야 했다. 그때 나는 이러한 감정을 느끼기 싫었고, 특히 아이들에게 돈이 없어서 못 해주는 부모는 되기 싫었다. 지금은 경제적 여유가 충분하지만, 아이들의 미래를 위해 안 해주는 부모가 되길 바라면서 성공자의 삶을 걷기로 결심했다.

생각의 법칙을 공부하고 알아가다 보면 사람들이 오해하는 부분이 있다. 어떤 사람들은 직장에 다니는 것을 성공과 정반대로 이야기한다. 그건 틀린 이야기다. 하지만 자기계발 서적에서 이야기하는 것은 직장인이기 때문에 불행하다고 말하는 게 아니라 스스로의 결핍을 이야기하는 것이다. 직장에서 월급을 받고, 저축을 하고, 집을 사고, 나이가 들어서 연금과 퇴직금으로 남은 인생을 평안히 살겠다고 하는 것도 틀린 이야기는 아니다.

나 또한 지금 책을 쓰면서 현재의 일을 계속하고 있다. 성공하기로 마음먹고 목표를 이루려고 노력하게 된 것은 내가 현재 하는 일이 너무 하기 싫어서였다. 하지만 마인드를 훈련하고 성공자의 마인드에 가까워지고 있다고 느낄 무렵, '현재 내가 하는 일이 너무 감사하다.'는 마음이 들었다. 그냥 일반적으로 감사한 것이 아니었다. 특별한 감사하는 마음이 생겼다.

책을 쓰고 있는 이 시점에 내가 하는 일은 현장에서 하는 일이다. 개인사업자로 일하고 있지만 혼자 하는 일이다. 일이 많아지면 가끔 인력을 고용하는 것 말고는 대부분이 혼자 하는 일이다. 소위 말하는 추울 때 추운 곳에서 일하고, 더울 때 더운 곳에서 일하는 직업이다. 솔직히 현재 온몸에 있는 관절이 전부 아파 물리치료를 받을 정도인데, 성공자의 마인드를 공부하는 중에 들었던 생각이 있다. 바로 '현재 하고 있는 일은 내가 세운 목표를 이루는 데 더욱더 원활한 도움을 준다.'고 확신하게 되면서 지금 하는 일이 감사하게 느껴진 것이다.

성공자의 마인드를 가질 수 있는 데에는 혼자이기 때문에 일하는 내내 이어폰을 착용하고 성공자의 오디오를 방해 없이 들을 수 있고, 현장 일이기에, 할 일을 끝내면 책을 쓸 시간이 주어졌기 때문이다.

이처럼 현재 당신이 하는 일이 목표와 관련이 없는 것은 절대 아니다. 당신의 목표를 달성할 수 있게 원만히 도와주고 있다는 것이다. 가정이 있는 분이라면 가정을 이끌어나갈 수 있는 경제적인 상황과 가정이 없는 사람이라면 성공을 위한 자금을 마련할 수 있는 것에 첫 번째로 감사할 수 있다.

나에게 더욱 풍요로워지고 싶다는 "욕망"이 있다면, 현재의 방법

말고 다른 방법을 찾아야 한다고 말해주고 싶다. 현재의 방법이라는 것은 바로 나의 생각을 바꾸어야 한다고 말하는 것이다. 그냥 하루를 싫어하는 일로 물 흘러가듯이 보내 버리는 것이 아니라 최소한 남는 시간이라도 나에게 선물하여 반드시 성장해야 한다.

"내가 혹은 자녀가 꼴찌를 해도 감사해라. 이제 올라갈 일만 남아 있다."라는 말에 담겨 있는 뜻의 중심은 바로 꼴찌 혹은 밑바닥이라는 정점을 찍었다면, 나 자신이 아주 조금만 바뀌면 바로 성취감을 맛볼 수 있는 최적의 상태를 의미한다.

작은 성공들이 모여 큰 성공을 이루어 간다는 것을 잊지 말자.

모든 사람은 한 가지 특별한 재능이 반드시 있다

"모든 사람은 한 가지 특별한 재능이 반드시 있다."라는 말은, 믿음은 각 개인이 고유한 가치를 지니고 있으며, 자신의 독특한 능력이나 강점을 통해 세상에 긍정적인 영향을 미칠 수 있다는 의미이다.

재능은 흔히 예술적, 학문적, 운동 능력만으로 이해되지만, 실제로는 인간의 모든 면과 성향, 태도, 감정을 포함한다. 예를 들면 공감 능력, 문제 해결력, 끈기, 창의적 사고, 사람들을 웃게 하는 능력 등이다. 특별한 재능이란 꼭 눈에 띄는 '특출남'만이 아니라 자신이 가지고 있는 고유함 그 자체이다. 어떤 재능은 일찍 발견되기도 하지만, 어떤 재능은 시간이 지나며 다양한 경험 속에서 서서히 드러난다. 모든 사람은 그 잠재성을 내재하고 있는데, 어떤 행동과 생각으로 나오는지는 시간 차이일 뿐이다. 보통 자신이 자연스럽게 흥미를 느끼거나 반복적으로 잘하게 되는 활동은 재능의 판단 요소가 되기도 한다. 재능은 끊임없는 도전 속에서 발현된다. 새로운 것에 도전하며 자신에게 숨어 있던 능력을 발견할 수 있다.

모든 사람에게는 재능이 반드시 존재한다. 그리고 존재한다고 믿어야 한다. 재능에 대해서 믿는 것은 나에게 자존감의 원천이 되고, 누구나 특별한 재능이 있다는 믿음은 개인에게 자존감과 용기를 준다. 인간은 단순히 생존을 위해 태어난 존재가 아니라 서로에게 의미를 주고 세상을 더 나은 곳으로 만들기 위한 특별한 능력을 부여받았다.

모든 사람은 고유한 재능을 지니고 있으며, 그것을 발견하고 발전시킬 때 비로소 빛을 발한다. 특별한 재능은 우리의 존재 가치를 드러내는 중요한 부분이다. 무엇보다 중요한 것은 자신을 믿고 그 가능성을 찾아가는 과정일 것이다.

자녀 혹은 본인이 공부를 못하면 분명 다른 것을 잘하기 마련이다. 잘하는 것이 있으면 못 하는 것이 있고, 못 하는 것이 있으면 잘하는 것이 있기 마련이다.

예를 들어, 공부를 잘 못한다고 한다면, 분명 다른 잘하는 것을 하고 있기 때문에 공부에 집중을 못 하는 것이다. 어린 시절에 친구들과 노는 것을 좋아한다고 부정적으로만 생각하면 안 된다.

초등학교 시절, 양과 가의 성적은 나의 친구였다. 하지만 체육단큼은 필기와 실기에서 항상 수를 받았었다. 주변이나 자신의 자녀가 모든 과목은 잘하지 못하더라도 한 과목이라도 좋은 성적을 받아온다면, 공부를 못 하는 것이 아니라 흥미가 없어서 성적이 낮게 나온다는 말이다. 공부를 못 한다고 표현할 수가 없는 이유는 공부를 못 한다면 전부 못 해야 한다. 하지만 한 과목이라도 성적이 좋다면, 그 과목에 흥미가 있다는 것이다. 흥미가 있다는 말은 자신이 즐겁다는 것이다. 즐겁게 되면 자연스레 집중도가 생기고, 알아서 노력하게 된다는 말이다. 흥미 없는 것에 당신이 강요를 당하면 당신은 기분이 좋겠는가?

자녀 혹은 나의 재능을 빨리 발견하고 싶다면, 여러 가지 상황을 경험해 봐야 한다. 공부만 해서 무슨 재능을 발견할 수 있겠는가? 공부에 정말 재능이 있다면 다른 문제지만, 공부하면서 즐거워하지 않는 자녀를 오랜 시간 본다면 다른 방법도 생각해 봐야 한다. 하지만 싫어하는 것 또한 '끈기'를 가지고 해야 한다는 교육은 반드시 필요한데, 적정선이 필요하다는 말이다.

부모의 역할은 자녀가 정직하게 어떤 일을 한다면 옆에서 지켜봐 주고 정직한 자유를 줘야 한다는 것이다. 정직하지 못한 길로 갔을 때, 부모가 직접적으로 참여를 하면 된다. 계곡물처럼 흐르게 하지 않고 웅덩이에 가둔다면 언젠가는 썩어서 악취가 날 수도 있다. 계곡물이 흐르게 두고 필요할 때 필요한 만큼 담아 쓰면 된다.

또 한 예로, 타인 혹은 자녀를 길고양이처럼 여겨 잡으려고 하면 할수록 필사적으로 도망간다. 그리고 잡으려고 한 사람 곁에는 절대로 오지 않는다. 끝까지 경계심을 가지고 곁을 맴돌 뿐이다.
먹이(간식)를 준비하고 꾸준히 위협적인 존재가 아니라는 걸 인식시켜 주고 올 때까지 기다려야 한다. 마음을 열기 전까지 말이다.
재능을 찾고 성공을 향해 달려가려는 마음가짐을 먹었다면 반드시 "정직한 방법"으로 향해야 한다.
맛있는 음식이 있으면 맛을 보기 전까지는 그 맛을 알 수가 없다. 사람들이 "그 음식은 어떤 맛이야."라고 물었을 때 "별로 맛이 없어."라고 답한들 직접 먹어보지 않으면 이해할 수가 없는 것이다. 먹고 나면 그 맛을 알고, 먹어보기 전 궁금했던 맛을 궁금해하지 않는 것이다.
궁금하면 무조건 해봐야 알지만, 우리에겐 인생의 규칙이 있고, 내가 살고 있는 나라의 "법"이 존재한다. "법"은 반드시 지켜야 한다. 정직하지 못한 사람은 성공에 가까워질 수 없는 사람이다. 정직하지 못한 사람은 조금의 돈은 벌 수 있겠지만 딱 그뿐이다. 더 이상 성장할 수 없다.

하지만 요즘 세상에서는 "정직하면 손해 본다."라는 말을 하는데, 그건 오해이고 착각이다. 정직한 자에게는 반드시 가치가 있는 보상이 따라온다. 야비하게 얻어낸 결과물보다 몇 배는 더 크게 보상받는다.

인생을 반드시 정직하게 살아야 한다.

현재 자녀가 혹은 내가 성적이 좋지 못하더라도, 회사에서 실적이 좋지 않더라도 상심할 필요가 없다. 1단계만 올라가도 성취의 맛을 느낄 수 있는 아주 좋은 상태다. 지금 현재의 모습에서 조그마한 노력으로도 성취의 맛을 느낄 수 있는 아주 좋은 상태다.

자녀들도 마찬가지이다. 자녀들이 공부를 잘하길 바란다면, 잘하려고 노력하는 과정을 칭찬하고, 기뻐하는 모습을 보여라. 그러면 자녀는 좋은 기분 상태에서 스스로에게 동기를 부여하여 공부를 하게 될 것이고, 부모님이 기뻐하는 모습에서도 동기를 얻게 된다. 반면 성적으로 다그치게 된다면, 자녀는 노력한 만큼 얻어낸 성적으로 인해서 기뻐하는 부모님의 모습을 보지 못하게 됨으로써 스스로 잘해야겠다는 생각을 하기 힘들다. 일단 보여줘라. 기뻐하는 모습을, 그리고 반드시 결과보다는 과정에 대한 부분을 알아주고 인정해야 한다.

어려움조차도 감사의 대상이다: 시련은 최고의 스승이다

"우리가 결코 잊어서는 안 될 하나의 사실이 있다. 즉, 지금 우리가 처해 있는 환경이나, 또는 꼼짝할 수 없는 곤란한 처지를 우리가 모르는 다른 어떤 사람은 능히 이겨내고 있다는 점이다. 곤란은 나뿐만 아니라 남에게도 있었고, 그들은 그 곤란한 장벽 앞에 굴하지 않고, 힘차게 뚫고 나왔다는 것도 기억할 필요가 있다."

- 노만 필

"힘든 상황에 감사함을 어떻게 느껴?"라고 말하는 사람들이 매우 많다. 하지만 힘들다는 것은 편안함을 느끼게 하는 아주 소중한 경험이다. 일터에서 힘들게 땀 흘려 일하고 집에 돌아와서 누웠을 때, 그 편안함은 이루 말할 수 없다. 힘들게 일을 하고 나서의 음식도 정말로 맛있는 법이다. 이런 사람들을 자주 봐왔고, 나 또한 자주 경험한다.

나도 고3 시절, 가정형편이 매우 좋지 않아서 일찍 취업했다. 공장에 다녔는데 힘들게 컨베이어에서 쉴 새 없이 물건을 나르고, 볼트를 박고, 철야도 해서 너무 육체적으로나 정신적으로 힘들었다. 그때 항상 이런 생각을 했다. "아무것도 안 하고 그냥 집에서 한 달 동안 쉬었으면 좋겠다."라고.

그리고 취업을 마치고 집에 돌아와서 다시 공장에 취직해서 일을 하긴 했지만, 그때도 똑같은 생각을 했다. "일주일만 아무것도 하지 않고 방에서 TV 보고 쉬었으면…" 하고.

얼마 후 아버지께서 성공을 이루어 내시고 집안 형편이 좋아지고 나서 집에서 일주일간 쉴 마음을 먹고 쉬게 되었다. 그런데 3일쯤 지났을 때 뭔가 모를 심심함이 몰려오기 시작했다. 그때 느낀 것은 편하게 쉴 때는 편하다는 것을 못 느낀다는 것이었다. 힘들 때 편안함을 원할 수 있지만, 편안함을 느낄 수 있을 때, 그 편안함에 대해서 감사하는 마음을 잊어버린 것이다.

무조건 힘들어야 편안함을 느낄 수 있다는 말이 아니다. 힘들 때 또한 평범한 것들에 감사할 수 있는 마음이 생긴다는 말이다. 자신의 지금 처지가 가난해서 힘들다면 부유해지고 싶은 욕망에 감사해야 하며, 부유해졌을 때 부유함에게 일상생활의 걱정을 덜어줘서 고맙다고 감사해야 한다.

몸이 아프고 힘들고 지쳤다면 건강함을 원하는 소망에 감사해야 하고, 몸이 건강해졌다면 이전의 건강으로 돌아가지 않는 방법을 배운 것에 감사해야 한다.

"나는 신발이 없어 우울하다. 그런데 거리에서 발이 없는 사람을 만났다."

- 데일 카네기

이성이나 배우자에게 지쳐있다면 그 이성이나 배우자를 통해 더 좋은 상황을 알아갈 수 있는 안목을 가지게 된 자신에게 감사해야 하며, 더 좋은 상황과 사람을 만났을 때, 그 사람으로 인하여 지금 행복한 상황과 사람을 만난 것에 감사해야 한다.

꿈과 목표가 없어서 헤매고 있는 사람들은 꿈을 찾기 위해 생각하고, 책을 통해 어떤 방법들을 찾으며 지식이 늘어나는 자신의 뇌에 대해 감사해야 할 것이고, 꿈과 목표를 찾아서 이루었다고 한다면 남들이 꿈과 목표를 찾을 수 있게 도와주는 멘토가 되는 것에 대해서도 감사해야 한다.

이처럼 세상에는 감사해야 할 것들이 수도 없이 많다. 하지만 가난하고 힘든 세상을 살아가다 보니 감사를 할 수 있는 여유조차 없이 살아가고 있다는 것이다.

부유한 사람도 마찬가지이다. 부유해졌다고 해서 감사하는 마음을 망각해 버린다면 다시 가난해질 것이다. 감사하지 못했던 때로 돌아가게 되는 것이다. 가난한 사람도 마찬가지이다. 가난하다고 해서 지금 가지고 있는 것들에 대한 감사의 마음을 가지지 못한다면, 더 가질 수 없고 가난한 그대로 살아가게 되는 것이다.

세상에 감사하는 마음들을 가지고 살아간다면 자신에게 처한 상황, 현재의 상황들이 교훈과 자산이 되어 절대로 부유하게 살 수밖에 없는 세상이 될 것이라고 믿고 확신한다.

감사는 유일하게 인간과 자연을 소통할 수 있는 최고이자 최선의 방법이다. *